Lipi Sheth

Reconhecimento da escrita Gujarati para documentos impressos e manuscritos

Lipi Sheth

Reconhecimento da escrita Gujarati para documentos impressos e manuscritos

ScienciaScripts

Imprint

Any brand names and product names mentioned in this book are subject to trademark, brand or patent protection and are trademarks or registered trademarks of their respective holders. The use of brand names, product names, common names, trade names, product descriptions etc. even without a particular marking in this work is in no way to be construed to mean that such names may be regarded as unrestricted in respect of trademark and brand protection legislation and could thus be used by anyone.

Cover image: www.ingimage.com

This book is a translation from the original published under ISBN 978-3-330-34771-7.

Publisher:
Sciencia Scripts
is a trademark of
Dodo Books Indian Ocean Ltd. and OmniScriptum S.R.L publishing group

120 High Road, East Finchley, London, N2 9ED, United Kingdom
Str. Armeneasca 28/1, office 1, Chisinau MD-2012, Republic of Moldova, Europe
Printed at: see last page
ISBN: 978-620-7-88427-8

Conteúdo

Resumo

Atualmente, há uma tendência crescente entre os investigadores de todo o mundo para trabalhar no domínio do reconhecimento de caracteres manuscritos de muitas línguas e escritas. Muito trabalho de investigação tem sido feito em línguas como o inglês, o chinês e o japonês. No entanto, no que respeita às escritas indianas, o trabalho de investigação está comparativamente atrasado; a maior parte do trabalho de investigação disponível incide principalmente nas escritas Devanagari e Bangla, enquanto o trabalho noutras escritas indianas está apenas na fase inicial. Existe uma enorme quantidade de informação disponível no mundo sob a forma de texto impresso ou manuscrito. Os documentos antigos em escrita gujarati (Gujarati Sahitya) têm também uma forma semelhante e todas estas razões criam a necessidade ou a existência de um sistema que, automaticamente e sem qualquer interação manual, permite a conversão de imagens em texto para a escrita gujarati. O reconhecimento de caracteres gujarati é um domínio de investigação sem fronteiras. Quase não existe um sistema completo de reconhecimento ótico de caracteres para a escrita gujarati e quase nenhum trabalho pode ser rastreado, especialmente para indivíduos manuscritos. Esta proposta apresenta as características introdutórias do Gujarati Script, os desafios e problemas do reconhecimento do Gujarati Script, os antecedentes do trabalho relacionado com o reconhecimento do Gujarati Character e o Pipeline do Gujarati OCR.

Este projeto é uma amálgama de muitas personalidades que trabalham para ele, e eu gostaria de agradecer a cada uma delas pelo seu apoio. Em primeiro lugar, gostaria de agradecer ao **Todo-Poderoso** pelo seu apoio e motivação em cada etapa deste projeto. Gostaria de expressar os meus sinceros agradecimentos e gratidão ao meu orientador de projeto, **Prof.**

Além disso, gostaria de agradecer ao meu **chefe de departamento, Bhargav Goradiya,** pela sua coordenação e encorajamento.

Devo a minha mais profunda gratidão aos meus ídolos, **a Sra. Kumudben Shah (minha mãe)** e o Sr. **Prakashchandra Shah (meu pai),** pelo seu afeto incondicional, apoio e confiança. Os meus sinceros agradecimentos à minha querida irmã, **Sra. Heeral Shah,** e ao meu cunhado, **Dr. Avadh Shah,** pelo seu apoio durante o período do projeto.

Os meus sinceros agradecimentos ao meu **sogro, Sr. Subhashchandra Sheth,** e à **minha sogra, Sra. Suchitaben Sheth,** pela sua afeição.

Por último, mas não menos importante, quero expressar os meus agradecimentos especiais e sinceros ao meu marido, **o Sr. Harish Sheth,** pelo seu afeto e apoio ao longo da vida.

- LIPI SHETH

Semana	Trabalho
1	Estudo de diferentes técnicas de extração de características
2	Zonamento, mapa de bordadura modificado (manuscrito), Transformada de Wavelet
3	Histograma de projeção (distância euclidiana), Características estruturais, estudo do classificador NN
4	Histograma de projeção (NNC), Mapa de Bordadura Modificado (NNC), Implificação do NNC
5	Modificação do mapa de arestas (impresso com EDC), GUI para o mapa de arestas modificado (escrito à mão), Implificação do NNC
6	Método do histograma de projeção para caracteres manuscritos utilizando EDC
7	Abordagem híbrida para caracteres manuscritos utilizando EDC
8	Método composto para caracteres Hnadwritten utilizando EDC
9	GUI para Script Impresso
10	GUI para caracteres manuscritos e numerais impressos e manuscritos.
11	Apresentação e relatórios

O reconhecimento ótico de caracteres (OCR) é amplamente utilizado como auxiliar de telecomunicações para surdos, leitura de endereços postais, processamento direto de documentos, reconhecimento de línguas estrangeiras, navegação, reconhecimento de sinais de trânsito em países estrangeiros, etc. No entanto, não existe muito software OCR fiável disponível para a língua indiana, especialmente o gujarati. O objetivo é conceber um software OCR de elevado desempenho para a escrita Gujarati que possa ajudar a explorar futuras aplicações.

CAPÍTULO 1

Introdução

1.1 Introdução ao OCR

O reconhecimento ótico de caracteres (frequentemente abreviado como OCR) envolve a leitura de texto em papel e a tradução das imagens para uma forma (por exemplo, códigos ASCII) que o computador possa manipular. Permite que uma máquina reconheça caracteres através de mecanismos ópticos. Idealmente, a saída do OCR deve ser igual à entrada em termos de formatação. O processo envolve algum pré-processamento do ficheiro de imagem e depois a aquisição de conhecimentos importantes sobre o texto escrito. Esses conhecimentos ou dados podem ser utilizados para reconhecer caracteres. O OCR está a tornar-se uma parte importante da investigação moderna baseada em aplicações informáticas. Embora tenha havido um número significativo de melhorias em línguas como o inglês, o reconhecimento dos caracteres gujarati ainda está num nível preliminar. O principal objetivo do sistema OCR é importar texto impresso para a máquina e permitir que o utilizador o edite com o mínimo esforço. No entanto, esta aplicação tem uma utilização muito mais moderna. Este processo de reconhecimento ótico de caracteres é utilizado principalmente na atribuição de códigos postais, na leitura de vários formulários de dados, como um formulário de imposto, na validação automática de passaportes em e na verificação dos números de conta. Além disso, é utilizado na preservação de documentos antigos ou antigos/históricos em formato eletrónico.

1.2 Aplicações do OCR

O principal objetivo do sistema OCR é importar texto impresso para a máquina e permitir que o utilizador o edite com o mínimo esforço. Mas há muitas outras utilizações modernas desta aplicação. Algumas delas são enumeradas a seguir:

O OCR de conversão de documentos pode criar documentos de texto editáveis com pouco esforço humano, o que permite poupar espaço e tempo. Pode ser utilizado para publicar o conteúdo em linha como texto em vez de imagens. Pode ajudar a poupar espaço de armazenamento. Pode ajudar as aplicações de processamento de linguagem que requerem uma quantidade razoável de dados para cálculos estatísticos.

Pesquisa online

Os motores de pesquisa modernos podem ser equipados com um sistema OCR. Assim, o utilizador pode procurar imagens em linha com o texto pretendido. A importância aumenta com o facto de a maioria dos sítios Web de notícias continuar a utilizar imagens para apresentar o texto em gujarati. Os conteúdos em linha são difíceis de pesquisar.

Texto para voz (TTS)

A aplicação texto-voz pode utilizar o sistema OCR para obter a forma textual de uma imagem de um documento. Pode ajudar a aumentar a aplicabilidade do sistema TTS. As aplicações desenvolvidas para ajudar as pessoas com deficiência visual podem utilizar o sistema OCR para aumentar a sua versatilidade.

1.3 Introdução à escrita gujarati

O gujarati é uma língua indo-ariana e faz parte da grande família das línguas indo-europeias. Deriva de uma língua chamada Gujarati antigo (1100-1500 d.C.), que é a língua ancestral das línguas Gujarati e Rajasthani modernas. É nativa do estado indiano de Gujarat, onde é a língua principal. Há cerca de 65,5 milhões de falantes de gujarati em todo o mundo, o que faz dela a 26.ª língua materna mais falada no mundo. O gujarati foi a primeira língua de Mohandas Karamchand Gandhi, o "Pai da Nação da Índia", e de Sardar Vallabhbhai Patel, o "Homem de Ferro da Índia". Outras personalidades proeminentes cuja primeira língua é ou foi o gujarati incluem Swami Dayananda Saraswati, Morarji Desai, Narsinh Mehta, Dhirubhai Ambani, J. R. D. Tata e Muhammad Ali Jinnah, o "Pai da Nação do Paquistão".

A escrita gujarati é feita da esquerda para a direita, com cada carácter a representar uma sílaba. A escrita gujarati tem 12 vogais, que se chamam Swar, como mostra a figura 3.1, e 34 consoantes, que se chamam Vyanjan, como mostra a figura 3.2.

અ	આ	ઇ	ઈ	ઉ	ઊ	ઋ	ઍ	એ	ઐ	ઑ	ઓ	ઔ

Figura 1.1: Vogais (Swar)

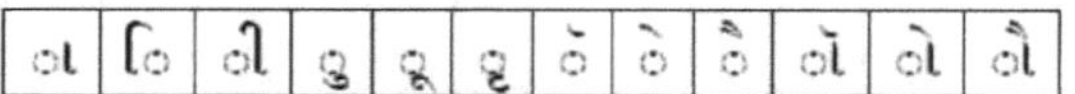

ક	ખ	ગ	ઘ	ઙ
ચ	છ	જ	ઝ	ઞ
ટ	ઠ	ડ	ઢ	ણ
ત	થ	દ	ધ	ન
પ	ફ	બ	ભ	મ
ય	ર	લ	વ	શ
ષ	સ	હ	ળ	

Figura 1.2: Consoantes (Vyanjan)

O gujarati é constituído por um símbolo especial chamado Maatra, correspondente a cada vogal, que se liga às consoantes para modificar o seu som. Os Maatras correspondentes a cada vogal são mostrados na Figura 3.3.

Figura 1.3: Maatras ou modificadores de vogais

Os algarismos gujarati são apresentados na figura 3.4. Os algarismos gujarati são muito peculiares por na-

Figura 1.4: Numeral gujarati

tura. Apenas dois dígitos gujarati, um (1) e cinco (5), têm uma linha reta, o que torna a identificação dos dígitos gujarati um pouco mais difícil. Além disso, os dígitos gujarati convidam frequentemente a erros de classificação.

CAPÍTULO 2

Sistema OCR

O fluxo dos processos no sistema OCR é apresentado no diagrama de blocos do sistema OCR. Os primeiros capítulos dão uma ideia geral dos vários processos que devem ser implementados no sistema de reconhecimento ótico de caracteres para a escrita gujarati. O capítulo seguinte dá uma breve ideia dos problemas que surgem no reconhecimento dos caracteres gujarati. O capítulo seguinte apresenta uma lista completa de todos os processos envolvidos no processo de reconhecimento e inclui também uma explicação pormenorizada do processo de pré-processamento. Os capítulos seguintes explicam a segmentação, a extração de características, a classificação e o pós-processamento, respetivamente.

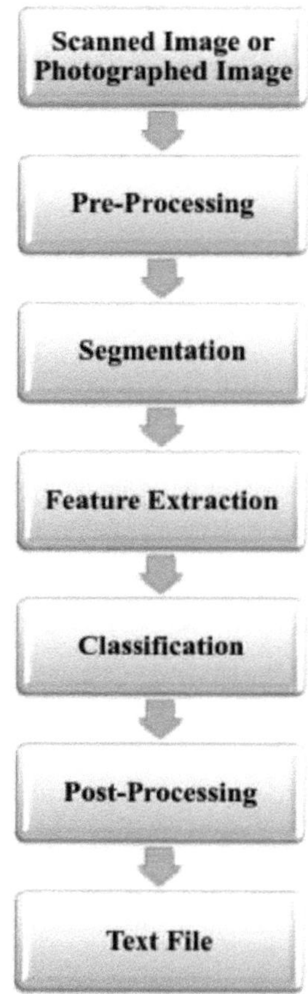

Figura 2.1: Diagrama de blocos do sistema OCR

CAPÍTULO 3

Declarações de problemas

3.1 Problemas que surgem no reconhecimento dos caracteres gujarati

a. Existem vários pontos isolados, que são modificadores de vogais, nomeadamente, Anuswar, Visarga e Chandra Bindu, que aumentam a confusão. Como mostra a Fig.3.1.

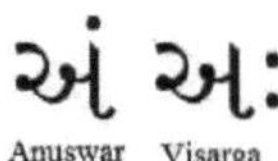

Figura 3.1: Vários pontos isolados

b. Caracteres compostos, como mostra a Fig.4.27.

c. Variabilidade para o mesmo carácter, como se mostra na Fig.3.3.

Figura 3.2: Carácter composto

Figura 3.3: Variabilidade para o mesmo carácter

d. Pequenas variações em caracteres semelhantes, como mostra a Fig.3.4

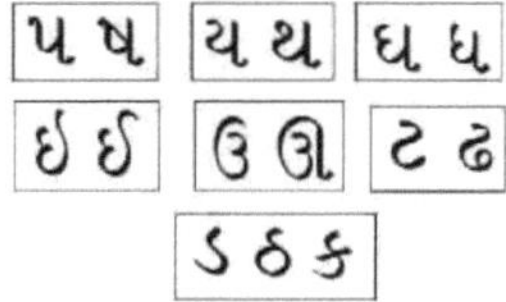

Figura 3.4: Personagens de aspeto semelhante

e. O reconhecimento dos ascendentes e descendentes também é complexo, devido à natureza complexa da língua. Como se pode ver na Fig.3.5 e na Fig.3.6, respetivamente.

3.1.1 Natureza bilingue do texto

a. No cenário de um país como a Índia, onde existe a influência de muitas outras línguas europeias, como o inglês, é inevitável que estas línguas se misturem no texto.

b. Para além das línguas europeias, a Índia tem catorze línguas oficiais,

Figura 3.5: Ascensor

Figura 3.6: Descenderr

que também podem ser encontrados embutidos no texto.

આજે ઘરે ઘરે mobile છે. ભારતમાં telecom revolution રાજીવ ગાંધીને આભારી છે. આજે કોંગ્રેસ પક્ષ દ્વારા યોજવામાં આવેલા વિશ્વકર્મા સંમેલનને સંબોધતા જાણીતા technocrat સામ પિત્રોડાએ જણાવ્યું કે રાજીવ ગાંધી વડપ્રધાન બન્યા ત્યારે દેશમાં 20 લાખ phone હતા. આજે 90 કરોડ phone connection છે. રાજીવ ગાંધી ના અકાળ અવસાનથી ભારત દેશે મોટી opportunity ગુમાવી છે. Internet ના માધ્યમથી તમારૂં બાળક સુથારી-લુહારી-Plumbing ના નવા ઓજારે નવી શોધથી વાકેફ કરી શકશે.

Figura 3.7: Natureza bilingue do texto

CAPÍTULO 4

Visão geral do processo de reconhecimento

Qualquer sistema de OCR é composto por cinco fases principais:

- Pré-processamento

- Segmentação

- Extração de características

- Classificação

- Pós-processamento

4.1 Pré-processamento

O início de qualquer sistema OCR é considerado a fase de pré-processamento, em que o documento de entrada é melhorado para processamento posterior. O objetivo do pré-processamento é produzir dados que sejam fáceis de utilizar com precisão pelos sistemas de OCR.

Nesta secção, estão envolvidos vários subprocessos diferentes, a saber

- Binarização

- Redução do ruído

- Desbaste

- Deteção e correção de distorção

- Remoção da inclinação

- Normalização

4.1.1 Remoção da parte branca

Para remover o espaço branco extra da imagem original, começámos por converter a imagem em escala de cinzentos. De seguida, aplicámos a limiarização a essa imagem. De seguida, escolhemos os pontos centrais de cada limite das imagens. Depois, a partir do ponto central ascendente, movemos o lado descendente da imagem e verificamos se existem pixéis pretos. Da mesma forma, a partir do ponto central descendente, movemos o lado ascendente e verificamos se há pixéis pretos. Da mesma forma, a partir do ponto central do lado esquerdo, movemo-nos para o lado direito, ou seja, para a frente, e verificamos se há pixéis pretos. Da mesma forma, a partir do ponto central do lado direito, movemo-nos para o lado esquerdo, ou seja, na direção inversa, e verificamos se há pixéis pretos. Depois de encontrar a localização das extremidades dos pixéis pretos, utilizamos o valor desses pixéis e redimensionamos a nossa imagem utilizando esse valor. Ver fig. 6.1 e 6.2.

4.1.2 Binarização

A binarização de imagens de documentos (limiarização) refere-se à conversão de uma imagem em escala de cinzentos numa imagem binária. Qualquer imagem de documento, seja ela impressa ou manuscrita, a entrada no sistema OCR é uma imagem digitalizada. Essa imagem digitalizada está em formato de escala de cinzentos ou em formato RGB ou de cor verdadeira, pelo que, para introduzir este documento no sistema OCR, é feita a binarização. Utilizámos a função incorporada "im2bw" para a limiarização, que é um tipo de limiarização global. Convencionalmente, o processo de limiarização é categorizado em :

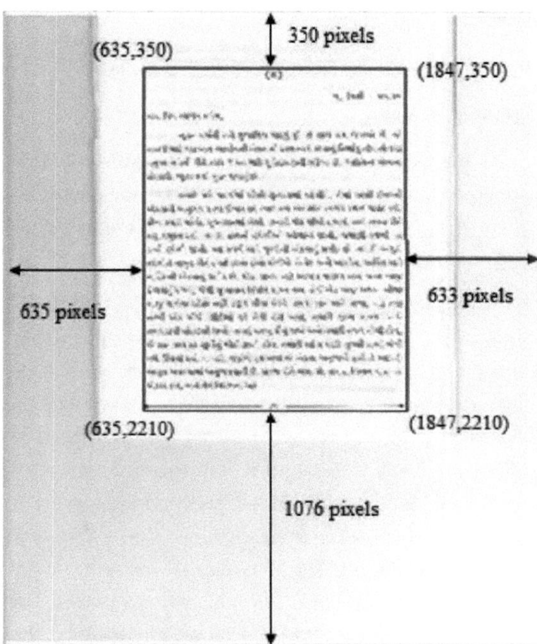

Figura 4.1: Especificação de remoção de espaço em branco

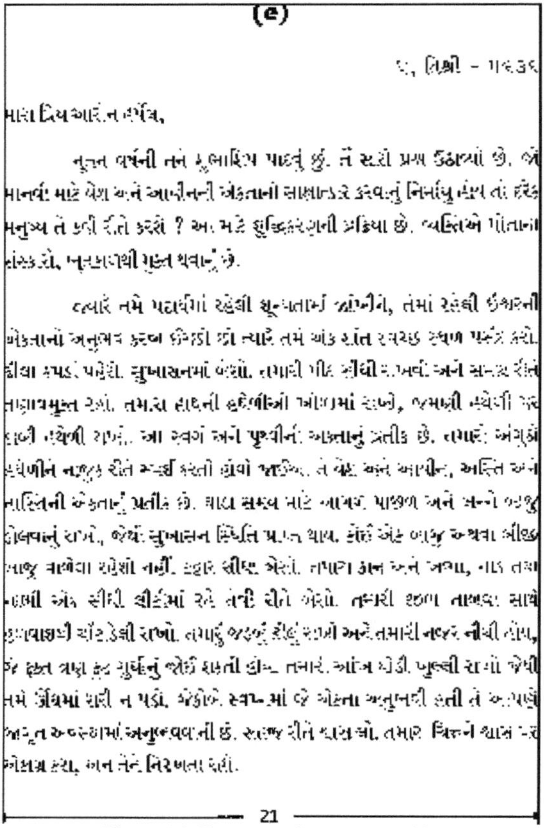

Figura 4.2: Espaço em branco removido

- Limiarização global

Na limiarização global, apenas é selecionado um valor de limiar para todo o documento, que se baseia no nível de fundo do histograma de intensidade da imagem.

- Limiarização adaptativa ou local

No Adaptive Thresholding são utilizados valores diferentes de cada pixel de acordo com a informação da área local.

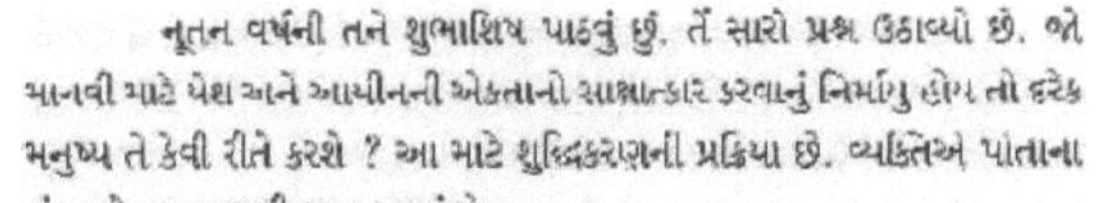

નૂતન વર્ષની તને શુભાશિષ પાઠવું છું. તેં સારો પ્રશ્ન ઉઠાવ્યો છે. જો માનવી માટે પેશ અને આપીનની એકતાનો સાક્ષાત્કાર કરવાનું નિર્માણ હોય તો દરેક મનુષ્ય તે કેવી રીતે કરશે ? આ માટે શુદ્ધિકરણની પ્રક્રિયા છે. વ્યક્તિએ પોતાના સંસ્કારો, ભૂતકાળથી મુક્ત થવાનું છે.

Figura 4.3: Imagem digitalizada

નૂતન વર્ષની તને શુભાશિષ પાઠવું છું. તેં સારો પ્રશ્ન ઉઠાવ્યો છે. જો માનવી માટે ચેશ અને આયીનની એકતાનો સાક્ષાત્કાર કરવાનું નિર્માયુ હોય તો દરેક મનુષ્ય તે કેવી રીતે કરશે ? આ માટે શુદ્ધિકરણની પ્રક્રિયા છે. વ્યક્તિએ પોતાના સંસ્કારો, ભૂતકાળથી મુક્ત થવાનું છે.

Figura 4.4: Imagem binarizada

4.1.3 Remoção de ruído

A redução do ruído melhora a qualidade do documento. O ruído é produzido devido aos sensores do scanner e, se a imagem for enviada com o meio eletrónico, haverá ruído. Duas abordagens principais:

- Filtragem (máscaras)

- Operações morfológicas (erosão, dilatação, etc.)

Utilizámos 3 filtros diferentes: filtro de média (3x3, 5x5, 7x7), filtro Gaussiano (3x3, 5x5, 7x7 (todos com sigma 0,5)), filtro Mediano (3x3, 5x5, 7x7).

Comparando todas as imagens após a limiarização, podemos concluir que o resultado do filtro gaussiano de tamanho [3 3] é melhor do que todos os outros.

4.1.4 Desbaste

O desbaste é um processo que elimina os píxeis indesejados e transforma os padrões de imagem numa espessura de um píxel. Basicamente, o desbaste introduz a informação sobre as formas dos caracteres.

4.1.5 Deteção e correção de distorção

Para um reconhecimento perfeito dos caracteres, é necessário alinhar o documento com o sistema de coordenadas do scanner, o que é feito através da deteção e correção da inclinação.

Vários métodos foram desenvolvidos por muitos investigadores para estimar o ângulo de inclinação de um documento de texto enviesado, nomeadamente

- Regressão linear

- Transformada de Radão

- Transformada de Hough

- Abordagem da caixa delimitadora

- Perfil de projeção

- Transformada de Fourier

- Agrupamento do vizinho mais próximo

- Correlação cruzada entre linhas

Aqui trabalhámos com a abordagem proposta da deteção de distorção.

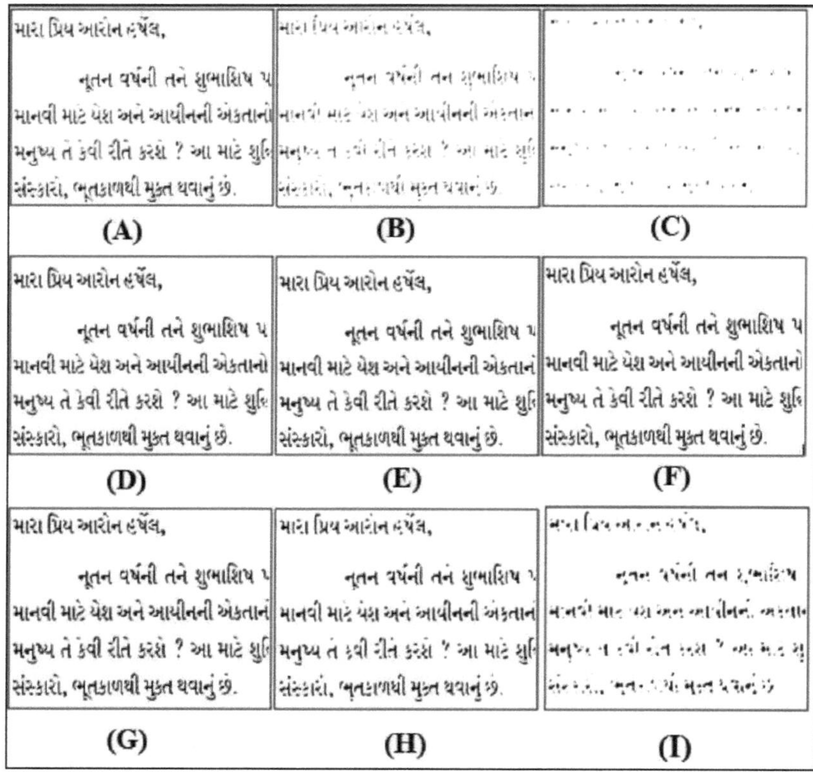

Figura 4.5: Comparação de filtros: (A) Limiarização Média (3x3),(B) Limiarização Média (5x5),(C) Limiarização Média (7x7),(D) Limiarização Gaussiana (3x3),(E) Limiarização Gaussiana (5x5),(F) Limiarização Gaussiana (7x7),(G) Limiarização Mediana (3x3), (H) Limiarização Mediana (5x5),(I) Limiarização Mediana (7x7)

Figura 4.6: Imagem com ruído

નૂતન વર્ષની તને શુભાશિષ પાઠવું છું. તેં સારો પ્રશ્ન ઉઠાવ્યો છે. જો માનવી માટે યેશ અને આયીનની એકતાનો સાક્ષાત્કાર કરવાનું નિર્માણ હોય તો દરેક મનુષ્ય તે કેવી રીતે કરશે ? આ માટે શુદ્ધિકરણની પ્રક્રિયા છે. વ્યક્તિએ પોતાના સંસ્કારો, ભૂતકાળથી મુક્ત થવાનું છે.

Figura 4.7: Imagem depois de remover o ruído

નૂતન વર્ષની તને શુભાશિષ પાઠવું છું. તેં સારો પ્રશ્ન ઉઠાવ્યો છે. જો માનવી માટે યેશ અને આયીનની એકતાનો સાક્ષાત્કાર કરવાનું નિર્માણ હોય તો દરેક મનુષ્ય તે કેવી રીતે કરશે ? આ માટે શુદ્ધિકરણની પ્રક્રિયા છે. વ્યક્તિએ પોતાના સંસ્કારો, ભૂતકાળથી મુક્ત થવાનું છે.

Figura 4.8: Imagem após o desbaste

નૂતન વર્ષની તને શુભાશિષ પાઠવું છું. તેં સારો પ્રશ્ન ઉઠાવ્યો છે. જો માનવી માટે યેશ અને આયીનની એકતાનો સાક્ષાત્કાર કરવાનું નિર્માણ હોય તો દરેક મનુષ્ય તે કેવી રીતે કરશે ? આ માટે શુદ્ધિકરણની પ્રક્રિયા છે. વ્યક્તિએ પોતાના સંસ્કારો, ભૂતકાળથી મુક્ત થવાનું છે.

Figura 4.9: Imagem com distorção

નૂતન વર્ષની તને શુભાશિષ પાઠવું છું. તેં સારો પ્રશ્ન ઉઠાવ્યો છે. જો માનવી માટે યેશ અને આયીનની એકતાનો સાક્ષાત્કાર કરવાનું નિર્માણ હોય તો દરેક મનુષ્ય તે કેવી રીતે કરશે ? આ માટે શુદ્ધિકરણની પ્રક્રિયા છે. વ્યક્તિએ પોતાના સંસ્કારો, ભૂતકાળથી મુક્ત થવાનું છે.

Figura 4.10: Imagem com correção de distorção

Regressão Linear

A determinação do ângulo de inclinação em documentos de texto é essencial nos sistemas de reconhecimento ótico de caracteres (OCR). Utilizamos a fórmula de regressão linear para estimar um ângulo de inclinação para cada segmento de linha de texto de um determinado documento de texto enviesado.

A regressão linear utiliza o facto de existir uma correlação estatisticamente significativa entre duas variáveis para nos permitir fazer previsões sobre uma variável com base no nosso conhecimento da outra[12].

Não devemos efetuar uma regressão linear a menos que o nosso coeficiente de correlação seja estatisticamente significativo. Para que a regressão linear funcione, é necessário que exista uma relação linear entre as variáveis.

Algoritmos:

Algoritmo para remover espaços em branco:

- Converter a imagem em escala de cinzentos e aplicar a limiarização.

- Tomar 3 pontos diferentes, ou seja, médio, superior e inferior, para quatro limites, ou seja, direito, esquerdo, superior e inferior.

- Encontrar os pontos Xmin , Xmax , Ymin e Ymax.

- Trace uma nova imagem utilizando as novas coordenadas x e y.

Algoritmo para a estimativa (deteção) e correção do ângulo de inclinação:

- Introduzir um documento enviesado.

- Obter a imagem binária enviesada

- Aplicar o algoritmo de remoção de espaços em branco

- Aplique o ajuste de mínimos quadrados a cada linha e calcule o declive utilizando a equação:

$$M = \frac{n \sum_{i=0}^{n} x_i y_i - (\sum_{i=0}^{n} x_i)(\sum_{i=0}^{n} y_i)}{n \sum_{i=0}^{n} x_i^2 - (\sum_{i=0}^{n} x_i)^2} \qquad (4.1)$$

Onde (x, y) = valor da coordenada do pixel, n=número de pixéis pretos presentes na linha de texto.

- Calcule o ângulo oblíquo utilizando a fórmula:

$$A = tan^{-1}(M) \qquad (4.2)$$

- Ângulo de inclinação da saída

Resultados e comparação:

Figura 4.11: Imagem original para 'Ma'

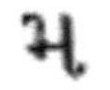

Figura 4.12: Imagem com rotação de '3' graus para 'Ma'

ૠ

Figura 4.13: Imagem rodada a '5' graus para 'Ma'

Caixa delimitadora

A deteção e correção do ângulo de inclinação é obtida através da técnica Bounding Box. A técnica Bounding Box é uma forma de encontrar os cantos extremos da imagem de texto.

Figura 4.14: Imagem original para 'Ka'

Figura 4.15: Imagem com rotação de 3 graus para 'Ka'

Se os quatro pontos extremos forem encontrados corretamente, formando um retângulo perfeito, podemos facilmente descobrir o ângulo estimado em muito menos tempo. A vantagem deste algoritmo da caixa delimitadora é que, se dois dos quatro pontos extremos forem detectados corretamente, o ângulo distorcido será obtido com precisão. A caixa delimitadora de uma forma geométrica em 2D é o retângulo com a área mais pequena numa dada orientação (normalmente na vertical) que contém completamente a forma. A caixa delimitadora de melhor ajuste é a caixa delimitadora mais pequena entre todas as orientações possíveis para a mesma forma. Uma das aplicações das caixas delimitadoras de melhor ajuste é a estimativa da inclinação dos blocos de texto em imagens de documentos. Esta abordagem é capaz de estimar e localizar várias distorções, bem como de processar documentos com regiões de texto esparsas.

Algoritmo:
Algoritmo para remover espaços em branco:

- Converter a imagem em escala de cinzentos e aplicar a limiarização.

- Pegue em 3 pontos diferentes que são o meio, a parte superior e a parte inferior para quatro limites que são a direita, a esquerda, a parte superior e a parte inferior.

- Encontrar os pontos Xmin , Xmax , Ymin e Ymax.

Figura 4.16: Imagem com rotação de 5 graus para 'Ka'

Tabela I: Comparação do ângulo para dois caracteres diferentes

Theoretical Angle (degree)	Practical Angle for"Ma"	Theoretical Angle for"Ka"
1	-0.5099	0
2	-2.0836	-0.2071
3	-2.1753	-2.1805
4	-2.4976	-2.1995
5	-3.6291	-2.8478

- Trace uma nova imagem utilizando as novas coordenadas x e y.

Algoritmo para a estimativa (deteção) e correção do ângulo de inclinação:

- Introduzir um documento enviesado

- Aplicar o algoritmo de remoção de espaços em branco

- encontrar as coordenadas da imagem sem rotação

- encontrar as coordenadas da imagem rodada

- encontrar o ângulo utilizando os valores de ambas as coordenadas e a equação abaixo indicada: Assim

$$\begin{pmatrix} x' \\ y' \end{pmatrix} = \begin{pmatrix} \cos(-\theta) & -\sin(-\theta) \\ \sin(-\theta) & \cos(-\theta) \end{pmatrix} \cdot \begin{pmatrix} x \\ y \end{pmatrix}$$

A explicação acima dá-nos uma ideia mais precisa da técnica da caixa delimitadora.

Transformada de Hough

É uma técnica de extração de características que utiliza o conceito de equações de linha para determinar as arestas (linhas e curvas paramétricas) com a ajuda de um subconjunto de pontos num plano 2-D. O objetivo da técnica é encontrar instâncias imperfeitas de objectos dentro de uma determinada classe de formas através de um procedimento de votação. Este processo de votação é realizado num espaço de parâmetros, a partir do qual os candidatos a objectos são obtidos como máximos locais num chamado espaço de acumulação que é explicitamente construído pelo algoritmo para calcular a transformada de Hough[9].

- Objetivo:

Uma técnica de extração de características que utiliza o conceito de equações de linha para determinar as arestas (linhas e curvas paramétricas) com a ajuda de um subconjunto de pontos num plano 2-D. O objetivo da técnica é encontrar instâncias imperfeitas de objectos dentro de uma determinada classe de formas através de um procedimento de votação. Este processo de votação é realizado num espaço de parâmetros, a partir do qual os candidatos a objectos são obtidos como máximos locais num chamado espaço de acumulação que é explicitamente construído pelo algoritmo para calcular a transformada de Hough.

- Procedimento:

Para cada pixel em (x,y) e na sua vizinhança, o algoritmo da transformada de Hough determina se existe evidência suficiente de uma linha reta nesse pixel. Em caso afirmativo, calcula os parâmetros (r,) dessa reta e, em seguida, procura o contentor do acumulador em que os parâmetros se inserem e incrementa o valor desse contentor.

- Resultado:

O resultado final da transformada de Hough linear é uma matriz bidimensional semelhante ao acumulador - uma dimensão desta matriz é o ângulo quantizado e a outra dimensão é a distância quantizada r. Cada elemento da matriz tem um valor igual ao número de pontos ou pixels que estão posicionados na linha representada pelos parâmetros quantizados (r,). Assim, o elemento com o valor mais elevado indica a linha reta que está mais representada na imagem de entrada.

Operações morfológicas:

Os operadores morfológicos são uma teoria e uma técnica para a análise e o processamento de imagens digitais. Estes operadores são utilizados basicamente para imagens binárias e em escala de cinzentos. A erosão e a dilatação constituem uma técnica importante na determinação do resultado da transformada de Hough

Estas duas operações são conhecidas como Operações Morfológicas

- Erosão:

A ideia básica da erosão na morfologia binária é sondar uma imagem com uma forma simples e pré-definida, tirando conclusões sobre o modo como esta forma se ajusta ou não às formas da imagem. Esta "sonda" simples é designada por elemento estruturante e é ela própria uma imagem binária (ou seja, um subconjunto do espaço ou grelha). A erosão binária de A por B, designada por A-B, é definida como a operação de conjunto A-B = (z-(Bz A). Por outras palavras, é o conjunto de localizações de pixels z, em que o elemento estruturante traduzido para a localização z se sobrepõe apenas aos pixels em primeiro plano em A.

- Dilatação:

Trata-se basicamente de espalhar os pixéis de uma imagem de modo a obter uma imagem contínua sob a forma de pixéis pretos sem qualquer pixel branco no meio. É uma operação primária aplicada antes da transformada de Hough.

Figura 4.17: Imagem original

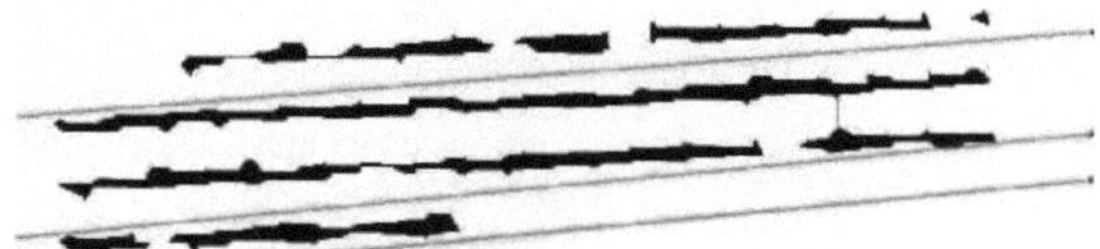

Figura 4.18: Imagem após operação morfológica

Figura 4.19: Deteção de linhas utilizando a transformada de Hough num documento Gujarati

Tabela II: Transformada de Hough

Ângulo teórico	Ângulo prático
-8	-8
-9	-10
-10	-10.6
-11	12
-12	13
-13	-13.6
-14	-14
-15	-12.6
-16	-12

Transformada de Radão

É uma transformação integral que envolve a integral de uma função sobre linhas rectas. A transformada de Radon é uma aplicação amplamente utilizada, a criação de uma imagem a partir dos dados de dispersão associados a exames transversais de um objeto. Se uma função representa uma densidade desconhecida, então a transformada de Radon representa os dados de dispersão obtidos como resultado de um exame tomográfico. A transformada de Radon é a projeção da intensidade da imagem ao longo de uma linha radial orientada num ângulo específico. Se theta for um escalar, R é um vetor coluna que contém a transformada de Radon para theta graus. Se theta for um vetor, R é uma matriz em que cada coluna é a transformada de Radon para um dos ângulos em theta. Se omitir theta, a predefinição é 0:179.

Os dados da transformada de Radon são frequentemente designados por sinograma porque a transformada de Radon de uma função delta de Dirac é uma distribuição suportada no gráfico de uma onda sinusoidal.

Consequentemente, a transformada de Radon de um conjunto de pequenos objectos aparece graficamente como um conjunto de ondas sinusoidais desfocadas com diferentes amplitudes e fases.

- Equações relacionadas com a Transformada de Radão:

Seja (x) = (x,y) uma função contínua que desaparece no exterior de um grande disco do plano euclidiano R2. A transformada de Radon, R, é uma função definida no espaço de rectas L em R2 pelo integral de linha ao longo de cada uma dessas rectas:

$$Rf(L) = \int_L f(X)|dX| \qquad (4.3)$$

Concretamente, a parametrização de qualquer linha reta L em relação ao comprimento de arco t pode sempre ser escrita como

$$(x(t), y(t)) \qquad ((t\sin\alpha + s\cos\alpha), (-t\cos\alpha + s\sin\alpha)) \qquad (4.4)$$

onde s é a distância de L à origem e é o ângulo que o vetor normal a L faz com o eixo x. Segue-se que as quantidades (,s) podem ser consideradas como coordenadas no espaço de todas as rectas em R2, e a transformada de Radon pode ser expressa nestas coordenadas por:

$$Rf(\alpha, s) = \int_{-\inf}^{\inf} f(x(t), y(t))dt = \int_{-\inf}^{\inf} f((t\sin\alpha + s\cos\alpha), (-t\cos\alpha + s\sin\alpha))dt \qquad (4.5)$$

Figura 4.20: Imagem após operação morfológica

Assim, a explicação acima fornece uma compreensão finita sobre a Transformada de Radon.

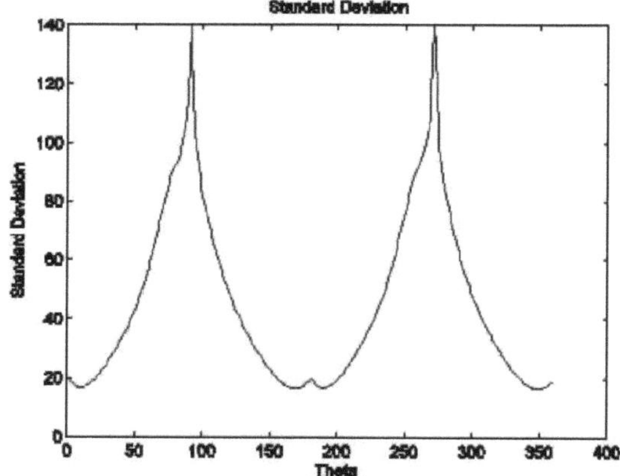

Figura 4.21: Gráfico do desvio padrão para a imagem original

Figura 4.22: Imagem com rotação de '10' graus

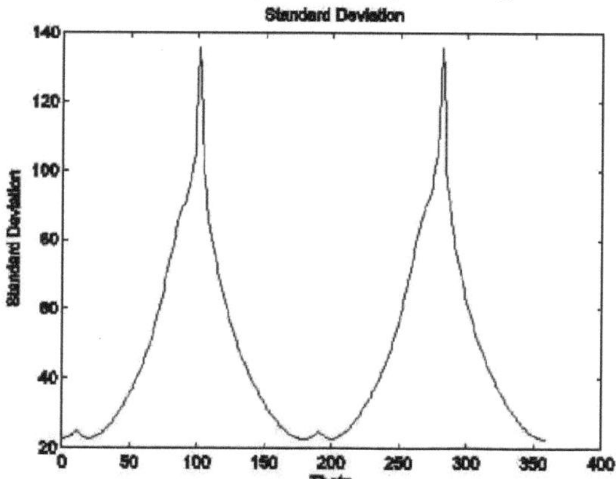

Figura 4.23: Gráfico do desvio padrão para a imagem rodada

Figura 4.24: Imagem com correção de distorção

Tabela III: Deteção de distorção

Ângulo (grau)	Prático
0(para cima)	0
1	-1
2	-2
4	-4
6	-6
8	-8
10	-10
20	-20
30	-30
60	-60
90	90
-10(para baixo)	10
-20	20
-30	30
-60	60
-90	90

4.1.6 Remoção da inclinação

A inclinação dos textos manuscritos varia de utilizador para utilizador. Os métodos de remoção da inclinação são utilizados para normalizar todos os caracteres para uma forma padrão.

4.1.7 Normalização

Para qualquer sistema de extração de características e sistema de classificação, todas as imagens de caracteres de entrada devem ter o mesmo tamanho, o que é realizado pelo passo de normalização no pré-processamento. Este processo reduz o tamanho dos caracteres para um tamanho fixo. Assim, a carga computacional é reduzida. Para além disso, torna o sistema OCR invariante à escala.

4.2 Segmentação

O sistema OCR não pode trabalhar diretamente na imagem inteira, mas sim segmentar a imagem inteira em subsegmentos e depois aplicar a tarefa de reconhecimento. A segmentação da imagem do documento pode ser efectuada a três níveis:

- Segmentação ao nível da linha

- Segmentação ao nível da palavra

- Segmentação ao nível dos caracteres

4.2.1 Segmentação ao nível da linha

Ao considerar a segmentação de linhas, a imagem é dividida em linhas, o que torna a compreensão da imagem restrita às suas linhas e, para isso, o algoritmo funciona apenas para dividir a imagem do documento em pequenos blocos chamados linhas. Tem informação suficiente sobre a forma, elevada compressão e baixo ruído e é uma imagem normalizada. Esta imagem é utilizada como entrada para a fase de segmentação para segmentar a linha de texto nas suas subcomponentes. A segmentação da linha de texto é uma fase importante, porque o grau de separação das palavras, dos caracteres e dos modificadores afecta diretamente a taxa de reconhecimento do texto. Para a segmentação ao nível da linha, começamos por encontrar o histograma do número de pixéis brutos em relação ao número de pixéis pretos. Para encontrar o histograma, verificamos cada coluna de cada raw para encontrar os pixéis pretos. Armazenamos o seu valor e traçamos o histograma. Em seguida, verificamos os pixéis brancos de cada raw e determinamos os respectivos índices. De acordo com esses índices, separamos as linhas.

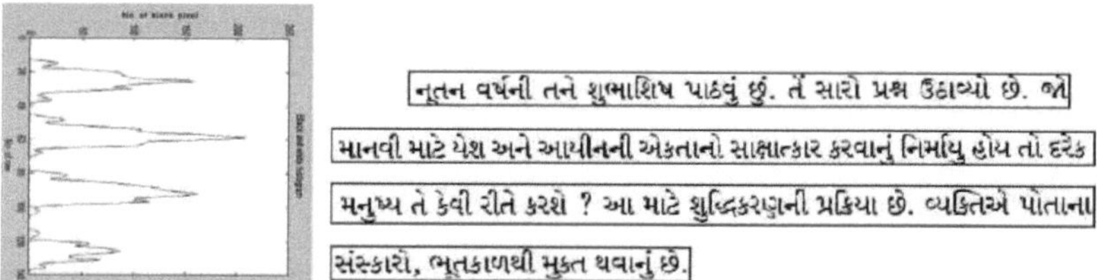

Figura 4.25: Perfil vertical do nível de cinzento da imagem do documento para a segmentação de linhas

Um histograma de imagem é um tipo de histograma que actua como uma representação gráfica da distribuição tonal numa imagem digital. Representa o número de pixels para cada valor tonal. Ao olhar para o histograma de uma imagem específica, o observador poderá avaliar a distribuição tonal completa num relance.

4.2.2 Segmentação ao nível das palavras

Para considerar a segmentação por palavras, a imagem que está dividida em linhas é ainda dividida em palavras, o que torna a compreensão da imagem limitada às palavras nas linhas e, para tal, o algoritmo funciona apenas para dividir a imagem do documento em mais pequenos blocos chamados palavras.

Para a segmentação por palavras, começamos por verificar o número de pixéis brancos entre duas palavras e, de acordo com esse valor, separamos as palavras.

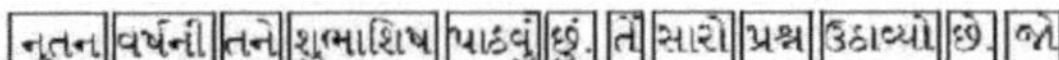

Figura 4.26: Segmentação da imagem por palavras

4.2.3 Segmentação ao nível dos caracteres

Para considerar a segmentação por caracteres, a imagem que está dividida em linhas é depois dividida em palavras e depois em caracteres, o que torna a compreensão da imagem limitada aos caracteres das palavras a partir das linhas dos documentos e, para isso, o algoritmo funciona apenas para dividir a imagem do documento em mais blocos pequenos chamados caracteres.

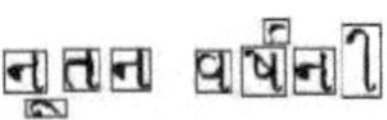

Figura 4.27: Segmentação da imagem com base nos caracteres

CAPÍTULO 5

Base de dados

5.1 Base de dados para caracteres impressos

Para o nosso processo, preparámos uma base de dados que inclui diferentes tipos de fontes de caracteres gujarati impressos. Pegámos em 11 tipos de letra diferentes (ou seja, GJ-TT Avan- tika, Gopika, Gujarati Saral 1, LMG-Arun, Shree-Guj-0768, LMG-Arun Wide, LMG-Laxmi Condensed, LMG-Rupen Condensed, Saumil-guj2, LMG-Rupen Wide e LMG-Arun Thin Italic) e preparámos uma base de dados com 506 caracteres gujarati diferentes. A figura 5.1 mostra as diferentes variações de tipos de letra para um carácter gujarati Ka.

5.2 Base de dados para caracteres manuscritos

A base de dados é recolhida junto de pessoas de diferentes faixas etárias, pertencentes a diferentes profissões, analfabetas mas que sabem escrever gujarati, independentemente do género. Como mostra a figura^??

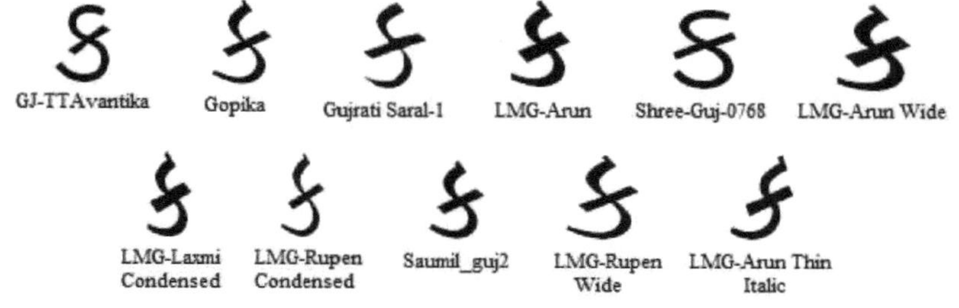

Figura 5.1: Base de dados do carácter impresso 'Ka'

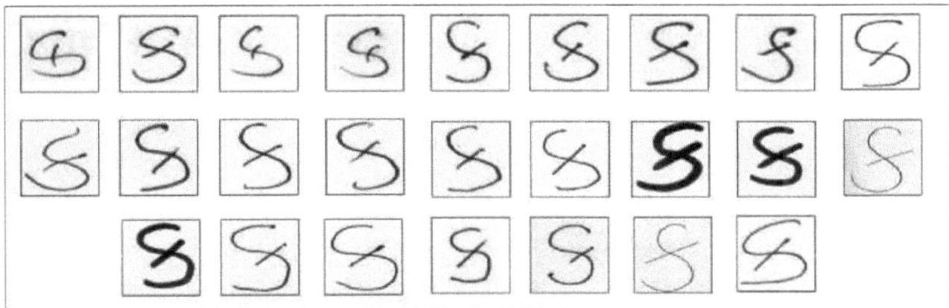

Figura 5.2: Base de dados do carácter manuscrito 'Ka'

CAPÍTULO 6

Técnicas de extração de características

6.1 Técnicas para o guião impresso

6.1.1 Zoneamento

O zonamento fornece-nos as características locais em vez das características globais, considerando a caraterística de densidade da imagem do carácter. De cada zona obtida após muitas características locais podem ser derivadas, por exemplo, características de densidade e direccionais. A imagem que contém o carácter é dividida em várias zonas sobrepostas ou não sobrepostas e são calculadas as densidades dos pixéis dos objectos em cada zona. A densidade é calculada encontrando o número de pixéis de objectos em cada zona e dividindo-o pelo número total de pixéis.[7] Como mostra a Fig.6.1

6.1.2 Histograma de projeção

Os histogramas de projeção contam o número de pixels na direção especificada. Existem três tipos de histogramas de projeção

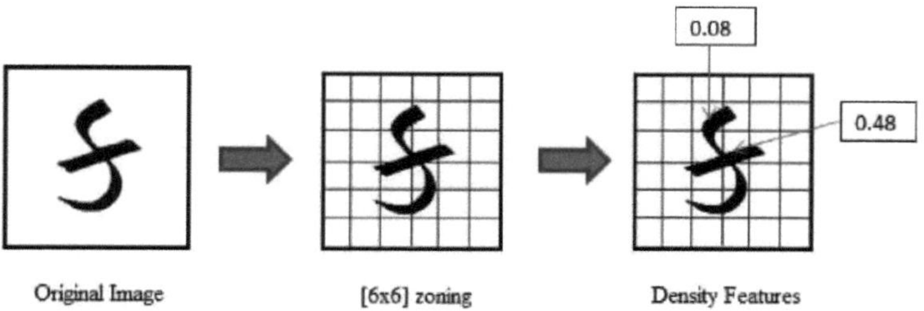

Figura 6.1: Processo de zonagem
- Horizontal

- Vertical

A projeção horizontal é o número total de todos os pixels pretos ao longo de uma coluna, enquanto a projeção vertical é o número total de todos os pixels pretos ao longo da seta de uma imagem de carácter. Por exemplo, se houver um número n de linhas, então a projeção vertical:

$$Y = \sum Ari \qquad (6.1)$$

A ideia básica subjacente à utilização de projecções é que as imagens de caracteres, que são sinais 2-D, podem ser representadas como sinais 1-D. Estas características, embora independentes do ruído e da deformação, dependem da rotação. O histograma de projeção conta o número de pixels de primeiro plano em cada coluna e linha de uma imagem de caracteres[16].

6.1.3 Transformada Wavelet

A transformada de ondaletas, descrita como uma série de ondaletas, é uma representação de uma função quadrática integrável (real ou complexa) por uma determinada série ortonormal gerada por ondaletas. Atualmente, a transformação wavelet é um dos candidatos mais populares das transformações tempo-frequência. As imagens de caracteres foram seleccionadas a partir de imagens binarizadas de documentos digitalizados com uma resolução de 300 pixels por polegada, utilizando um scanner Canon. As imagens dos caracteres foram normalizadas para uma matriz (32x32) de pixéis binários. De entre um grande número de wavelets, aplicou-se a transformada wavelet D4 de Daubechies às imagens dos caracteres e utilizaram-se 256 coeficientes low-low para construir o vetor de características.

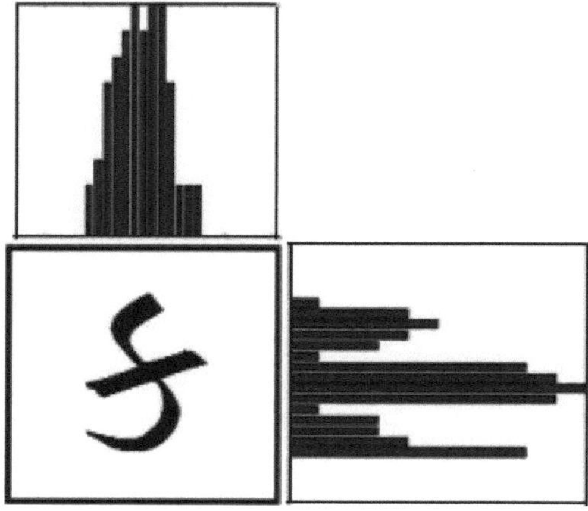

Figura 6.2: Projeção horizontal e vertical

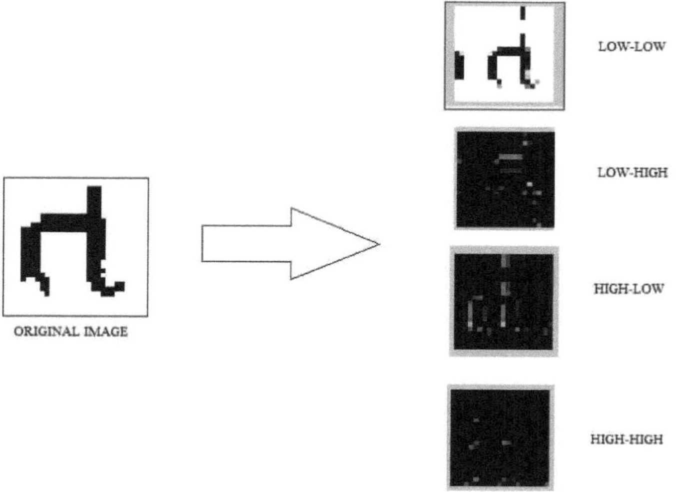

Figura 6.3: Transformada Wavelet

6.1.4 Mapa de arestas modificado

Nesta técnica específica, mapeamos as arestas de uma imagem utilizando o operador sobel e extraímos vectores de características. A Fig. 6.4 abaixo mostra o algoritmo para o método Modified Edge Map (Mapa de Bordos

Modificado)[16].

- Converter para um tamanho compatível com a fixação de escalas [25x25].

- Binarize a imagem.

- Converter para um tamanho compatível com a fixação de escalas [25x25].

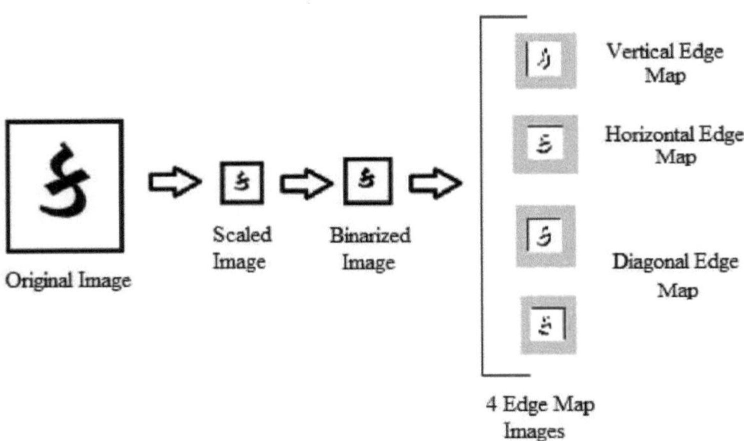

Figura 6.4: Fluxo do processo

- Assim, obtemos um total de cinco imagens - a imagem escalada e as quatro imagens que extraímos utilizando operadores sobel.

- Subdividir estas imagens em [5x5] sub-imagens e contar a percentagem de pixels pretos em cada sub-imagem. Assim, obtemos um total de 125 vectores de características que podem ser utilizados para o processo de reconhecimento.

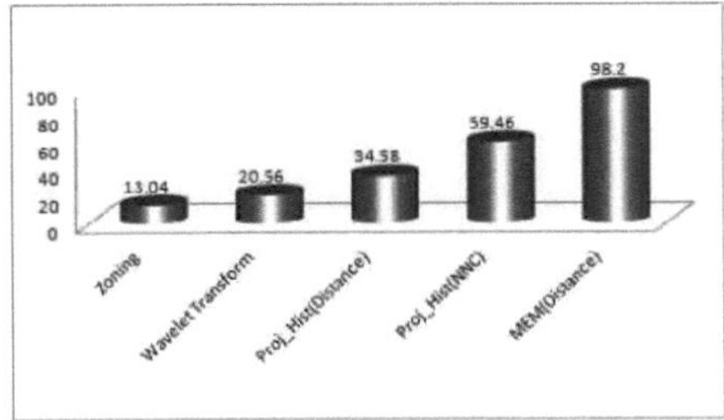

Figura 6.5: Gráfico de comparação para caracteres impressos

6.2 Técnicas para escrita manuscrita

6.2.1 Mapa de arestas modificado

Como o nome sugere, mapeamos as arestas da imagem utilizando o operador sobel e extraindo o vetor de características. Segue-se o algoritmo do método Modified edge Map;[16]

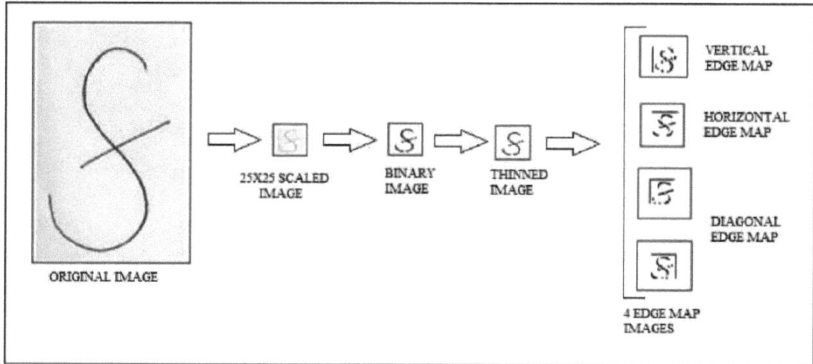

Figura 6.6: Processo do mapa de arestas modificado

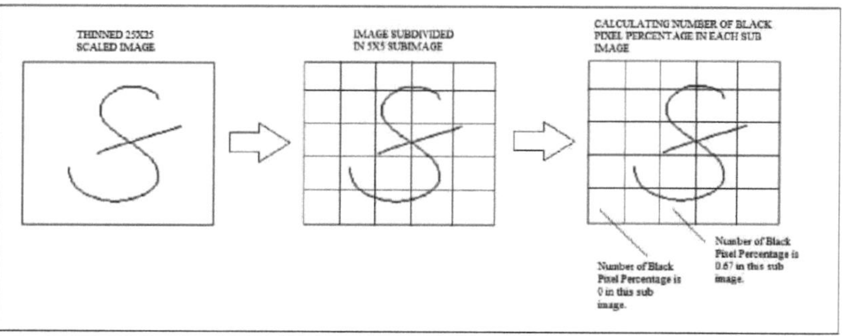

Algoritmo:

- Aplicar todos os passos de pré-processamento.

- Diluição da imagem.

- Normalizar a imagem na escala 25x25.

- Utilizando os operadores de Sobel, extrair quatro arestas, ou seja, horizontal, vertical e duas diagonais (45 e -45).

Operadores de Sobel:

Horizontal:

$$\begin{bmatrix} -1 & 0 & 1 \\ -1 & 0 & 1 \\ -1 & 0 & 1 \end{bmatrix}$$

Vertical:

$$\begin{bmatrix} -1 & -1 & -1 \\ 0 & 0 & 0 \\ 1 & 1 & 1 \end{bmatrix}$$

Diagonal:

$$\begin{bmatrix} -1 & -1 & 0 \\ -1 & 0 & 1 \\ 0 & 1 & 1 \end{bmatrix}$$

$$\begin{bmatrix} 0 & -1 & -1 \\ 1 & 0 & -1 \\ 1 & 1 & 0 \end{bmatrix}$$

- Subdividir cada uma das 5 imagens, ou seja, a imagem original e as 4 imagens do mapa de bordos, em 5x5 pixéis.

- Contagem do número de percentagens de pixéis pretos em cada subimagem de cada imagem.

- Na saída final, teremos um vetor de características de [1x125]

- Este vetor de características será então utilizado para o processo de reconhecimento posterior.

6.2.2 Características estruturais

As características podem ser extraídas através das características estruturais da imagem. Neste caso, implementámos um histograma radial que inclui todas as direcções para extrair características. O histograma radial é calculado pelo número de pixels pretos em 72 direcções em intervalos de 5 graus[5][13][16].

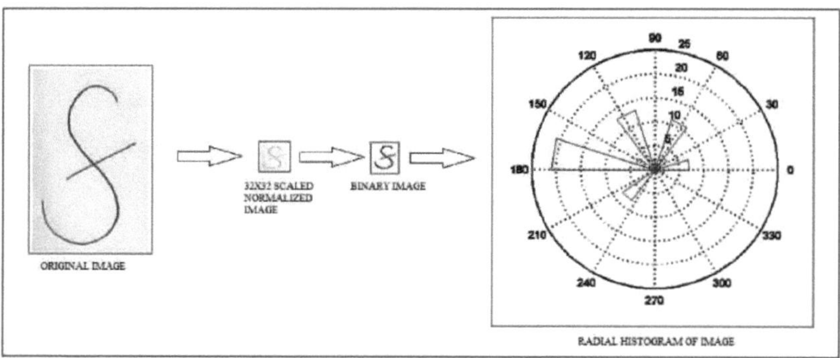

Figura 6.7: Processo de Histograma Radial

Algoritmo:

- Aplicar todas as etapas de pré-processamento.

- Normalizar a imagem numa escala de 32x32.

- Definimos o valor do histograma radial Hr num ângulo como a soma dos pixels pretos numa rad que começa no centro da matriz de caracteres (ou seja, o elemento na 16.ª linha e na 16.ª coluna) e termina na fronteira da matriz, formando um ângulo com o eixo horizontal. Os valores do histograma radial são calculados com um passo de 5 graus (ou seja, 72 características):

$$Hr(\varnothing) = \sum_{i-1}^{16} f(||16 - i\sin(\varnothing)||, ||16 + i\cos(\varnothing)||), \varnothing = 5 * k, k \in |0, 72) \quad (6.2)$$

- Em seguida, traçamos um histograma radial utilizando estes 72 vectores de características que serão utilizados para o processamento posterior no reconhecimento.

6.2.3 Abordagem híbrida

Foi verificado que, atualmente, não existe uma base de dados normalizada para os caracteres manuscritos gujarati. Para o reconhecimento dos caracteres manuscritos Gujarati, o sistema necessita de uma base de dados, pelo que, como primeiro passo, foi criada uma base de dados[6].

Algoritmo seguido:

- A imagem original do carácter é retirada do scanner ou capturada com a câmara.

- A imagem é convertida do formato RGB para imagem a cinzento.

- A imagem a cinzento é binarizada posteriormente.

- Esta imagem binarizada é então lida em todos os cantos, ou seja, à esquerda, à direita, em cima e em baixo. Depois de ler a imagem, os pixéis em branco são encontrados e a imagem é cortada de modo a que os pixéis de fundo extra sejam removidos da imagem.

- O processo gerou a imagem com uma variedade de tamanho. Assim, para aplicar o nosso algoritmo, precisámos de normalizar a imagem em termos de tamanho. A imagem cortada foi então redimensionada para 70x50 pixéis.

- Além disso, a espessura do carácter varia de pessoa para pessoa, pelo que é aplicado um desbaste ao carácter para o tornar com um pixel de espessura.

- A imagem redimensionada e reduzida foi então dividida em zonas de matriz 7x5, cada zona com um tamanho de 10x10 pixéis.

- Todos os píxeis ON são somados.

- Esta soma é convertida na razão de 100 subtraindo a soma de 100 e dividindo-a por 100.

- Estes valores (7x5=35) formam o vetor de características.

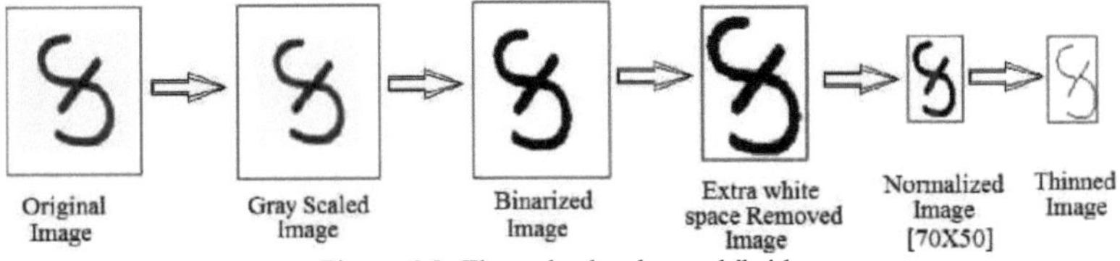

Figura 6.8: Fluxo da abordagem híbrida

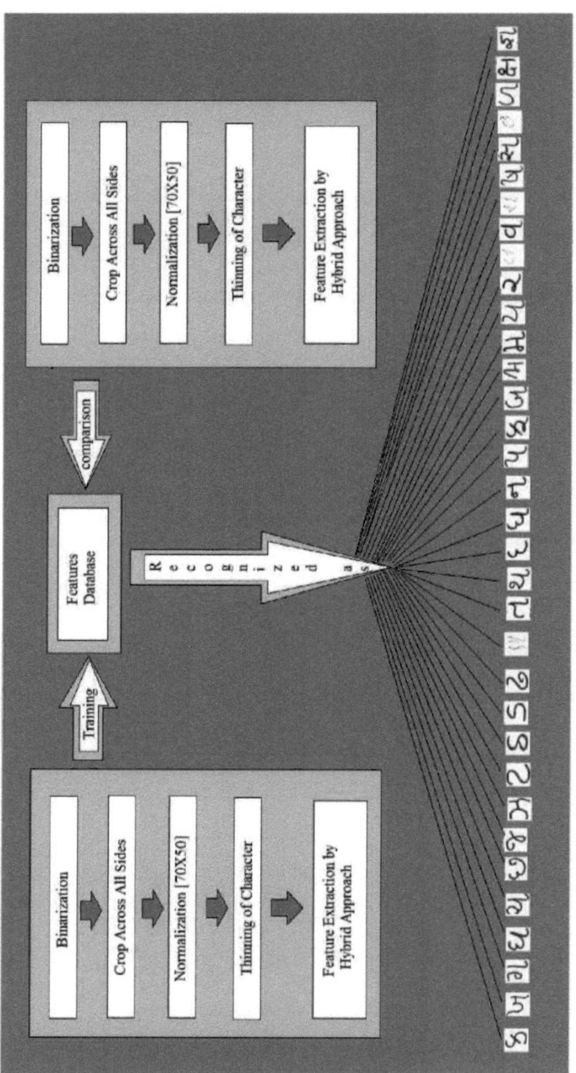

Figura 6.9: Algoritmo aplicado à abordagem híbrida

6.2. TÉCNICAS PARA ESCRITA MANUSCRITA

Uma abordagem individual tem dificuldade em fornecer uma precisão satisfatória, pelo que fornecemos uma noção de método composto em que todas as características dos métodos individuais são combinadas e é criada uma única caraterística que fornece uma precisão um pouco melhor.

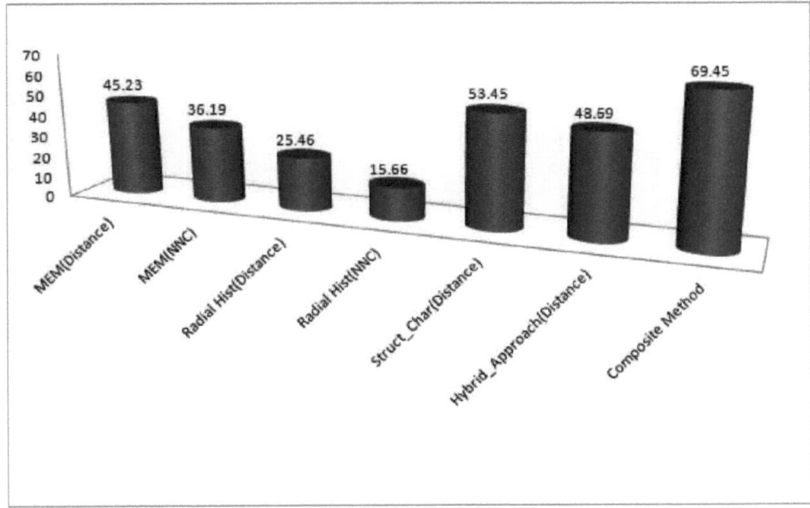

Figura 6.10: Gráfico de exatidão para caracteres manuscritos

CAPÍTULO 7

7.1 Classificador de distância euclidiana

Nesta técnica de classificação, em primeiro lugar, qualquer uma das técnicas de extração de características é aplicada às imagens e, em seguida, uma caraterística é considerada para comparação. Agora, a distância é calculada entre as duas características iguais de duas imagens através do método de substracção. Esta distância é designada por distância euclidiana.

7.2 Classificador de rede neural

Uma rede neuronal é uma representação artificial do cérebro humano que tenta simular o seu processo de aprendizagem. Uma rede neuronal artificial é frequentemente designada por Rede Neuronal. Tradicionalmente, a palavra Rede Neural refere-se a uma rede de neurónios biológicos do sistema nervoso que processam e transmitem informações. Basicamente, numa rede neuronal, em primeiro lugar, é formada e treinada uma rede de alimentação com as suas propriedades correspondentes. Após o treino, a rede está pronta para um teste ou simulação. Resumindo, a Rede Neuronal funciona primeiro no processo de aprendizagem ou treino e depois no processo de teste.

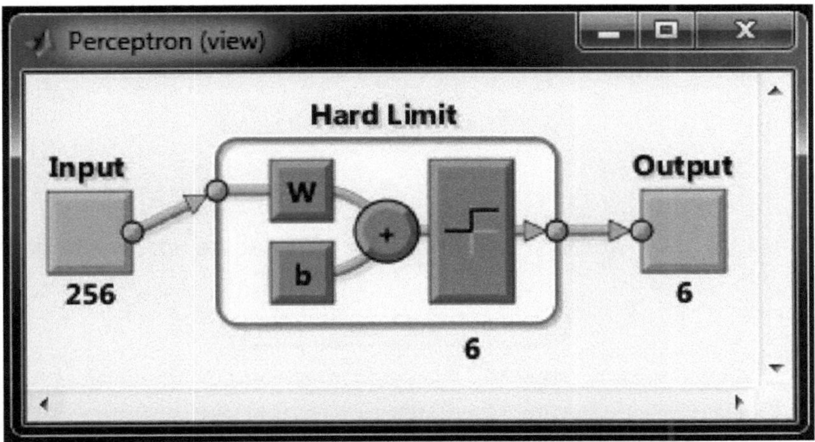

Figura 7.1: Rede Feed-Forward

Figura 7.2: Ferramenta de formação

CAPÍTULO 8

Criação de um ficheiro de texto

A criação de um ficheiro de texto com o carácter reconhecido é bastante complicada. Aqui a agenda é que a imagem reconhecida não só seria reconhecida e sairia como uma imagem de saída, mas haveria um ficheiro de texto que seria aberto automaticamente e toda a imagem reconhecida seria assim impressa nesse ficheiro de texto.

Isto é feito de modo a que, se algum carácter for reconhecido erradamente, seja corrigido e possa ser feita qualquer adição ou subtração de texto.

CAPÍTULO 9

45

Análise comparativa

Esta parte resume a comparação geral das diferentes técnicas que aplicámos à escrita impressa e manuscrita.

Este gráfico torna-se realmente uma ferramenta útil quando a precisão se torna a principal preocupação.

Como se pode ver no gráfico, o método Modified Edge Map para a escrita impressa e o método Composite para os caracteres manuscritos dão a melhor precisão.

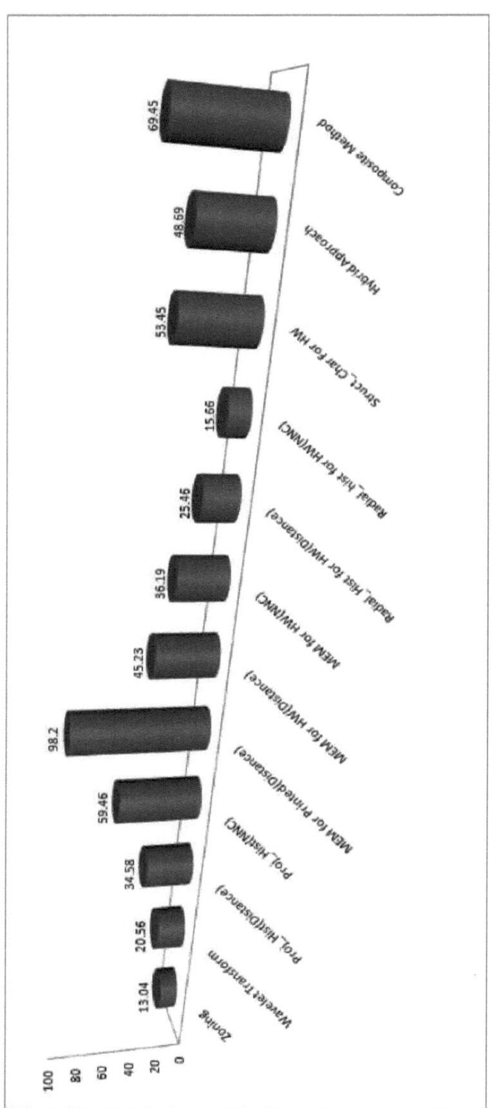

Figura 9.1: Gráfico de comparação

CAPÍTULO 10

Interface gráfica do utilizador

A interface gráfica de utilizador (GUI) é uma interface de utilizador baseada em gráficos (ícones, imagens e menus) em vez de texto, que utiliza um rato e um teclado como dispositivo de entrada. GUIDE, o ambiente de desenvolvimento da interface gráfica do utilizador MATLAB, fornece um conjunto de ferramentas para a criação de interfaces gráficas do utilizador (GUI). Estas ferramentas simplificam o processo de criação e programação de GUIs. Utilizando o editor de layout do GUIDE, é possível preencher uma GUI clicando e arrastando componentes da GUI, como eixos, painéis, botões, campos de texto, cursores, etc., para a área de layout. Além disso, podemos criar menus e menus de contexto para a GUI. A partir do Editor de apresentação, podemos dimensionar a GUI, modificar o aspeto dos componentes, alinhar componentes, definir a ordem dos separadores, ver uma lista hierárquica dos objectos dos componentes e definir opções da GUI.

O nosso trabalho foi acompanhado por duas GUIs diferentes que negoceiam a parte impressa e manuscrita do sistema OCR.

10.1 GUI para o Script Impresso

Nesta parte, mostramos as imagens correspondentes à Interface Gráfica do Utilizador que construímos utilizando o MATLAB. Estas imagens dizem respeito ao trabalho que é efectuado no script de caracteres impressos.

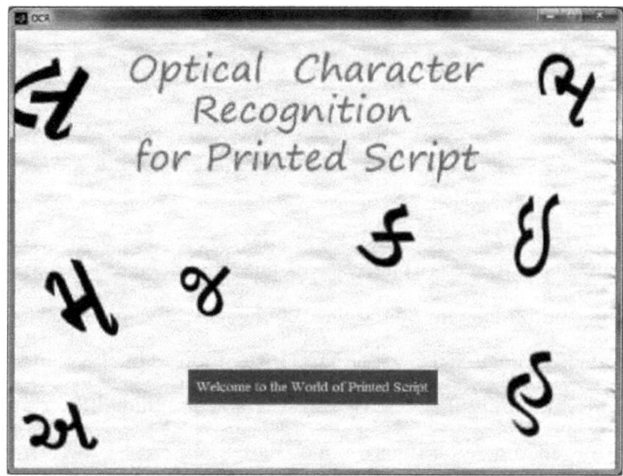

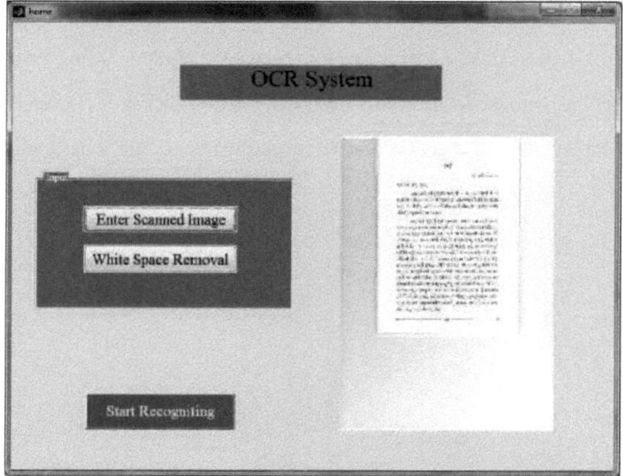

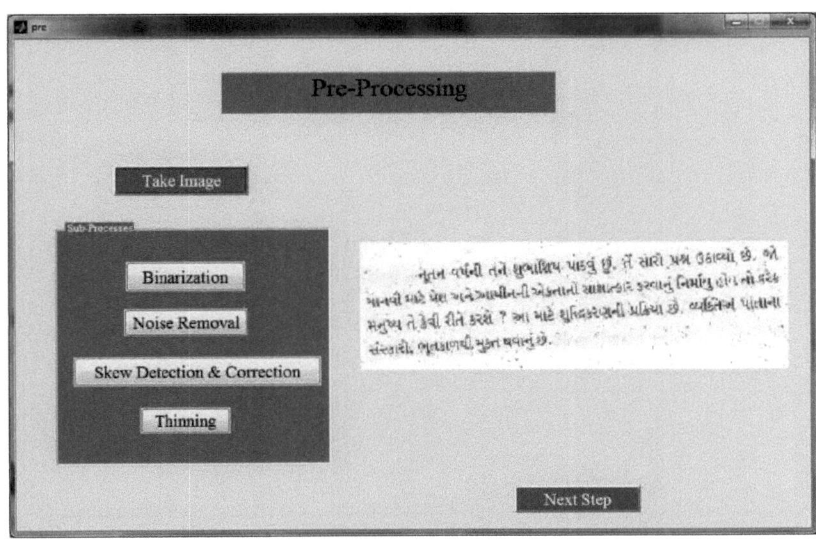
Pre-Processing
Take Image
Sub-Processes
Binarization
Noise Removal
Skew Detection & Correction
Thinning
Next Step

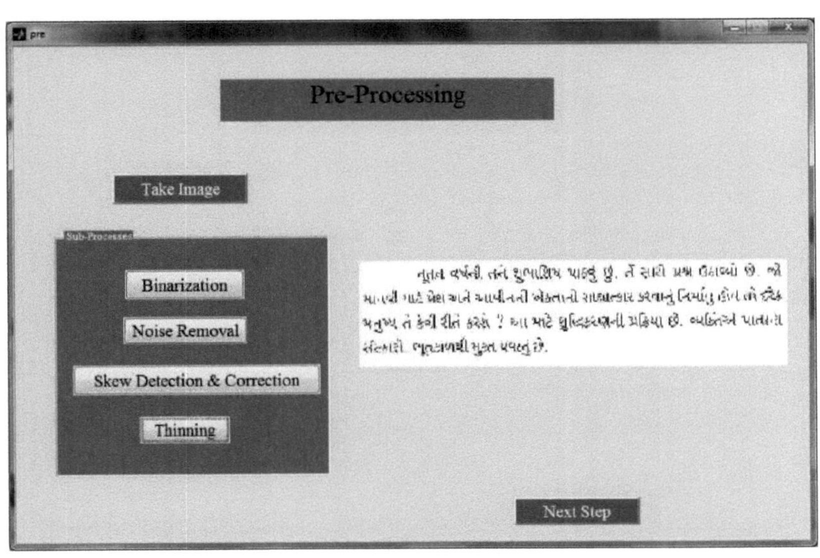
Pre-Processing
Take Image
Sub-Processes
Binarization
Noise Removal
Skew Detection & Correction
Thinning
Next Step

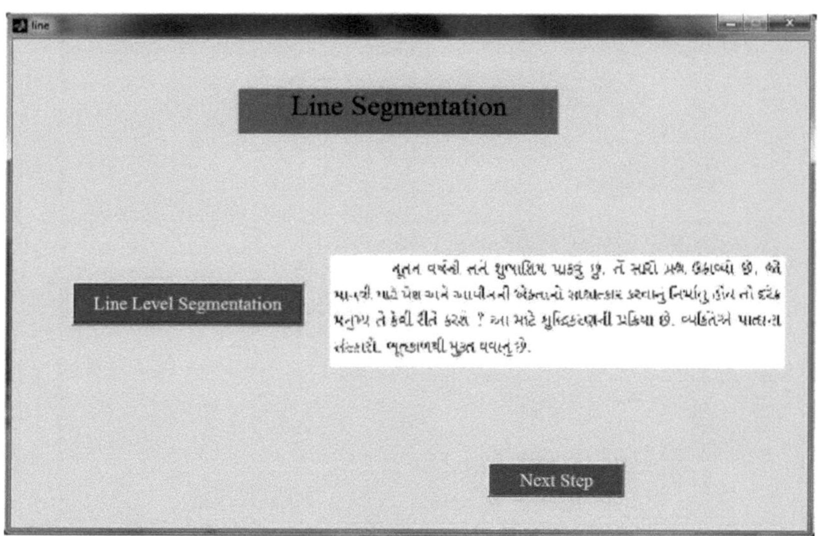
Line Segmentation
Line Level Segmentation
Next Step

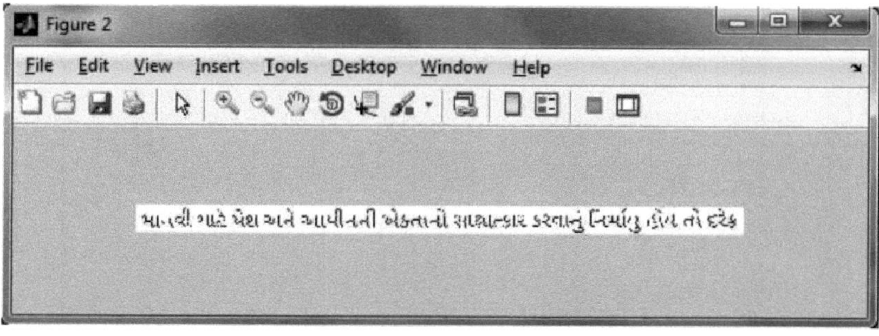
Figure 2
File   Edit   View   Insert   Tools   Desktop   Window   Help

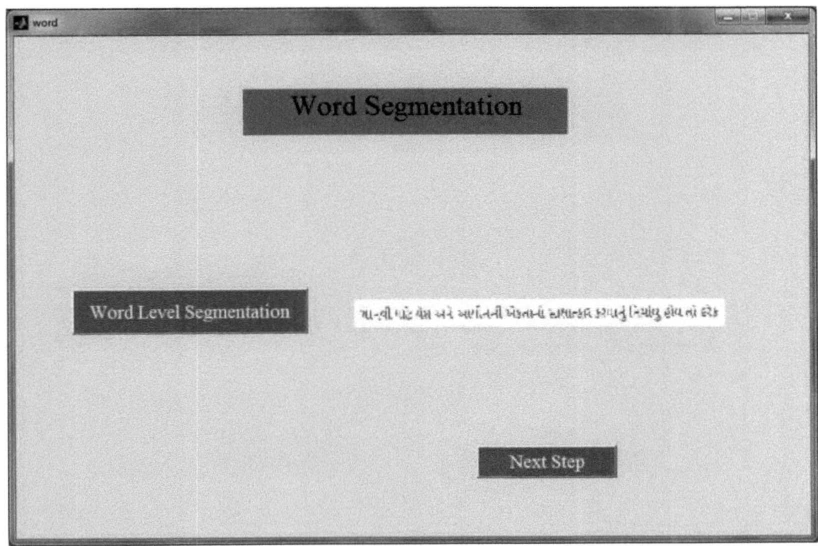

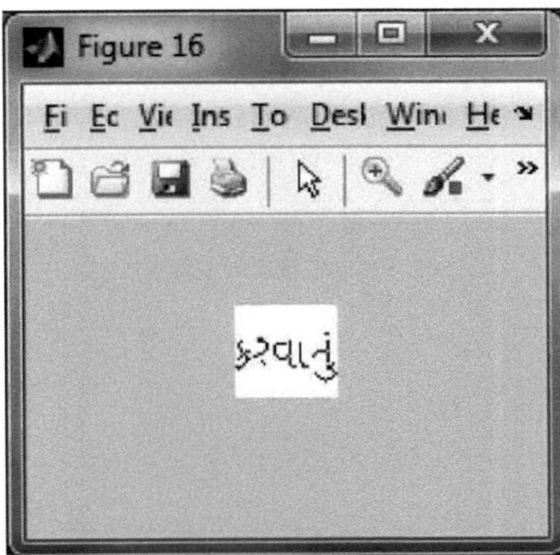

Figura 10.1: Ferramenta de formação

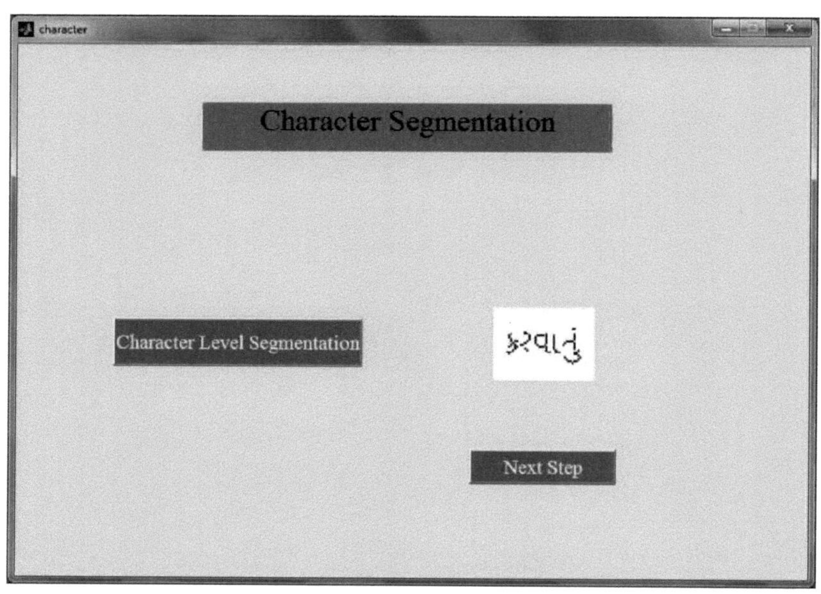

character
Character Segmentation
Character Level Segmentation
Next Step

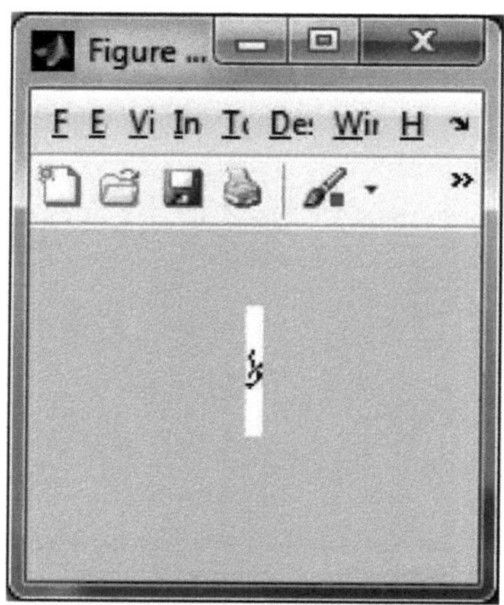

Figure ...
F E Vi In T(De: Wii H

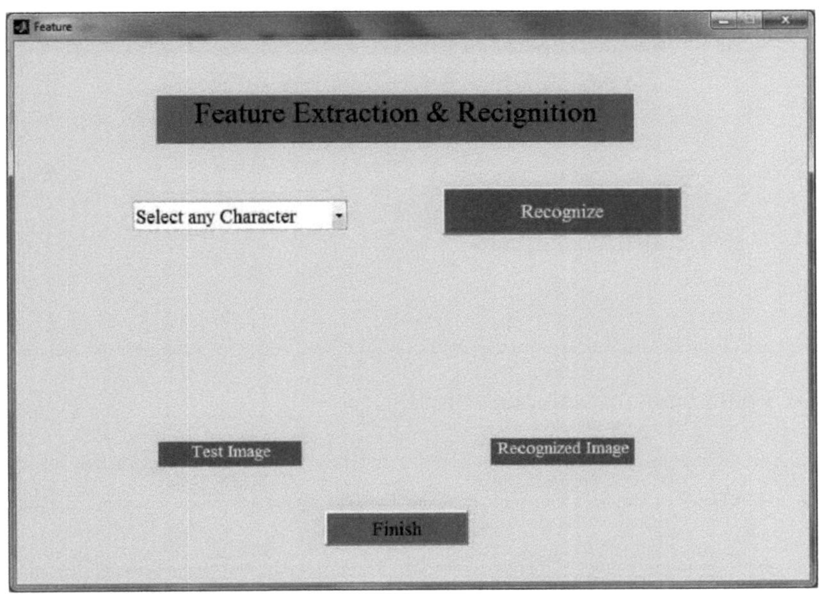
Feature
Feature Extraction & Recignition
Select any Character
Recognize
Test Image
Recognized Image
Finish

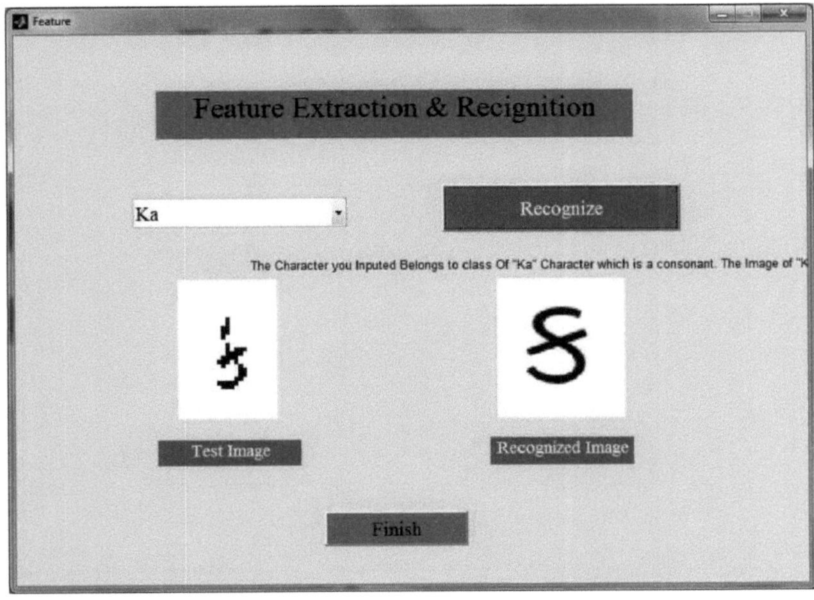
Feature
Feature Extraction & Recignition
Ka
Recognize
The Character you Inputed Belongs to class Of "Ka" Character which is a consonant. The Image of "K
Test Image
Recognized Image
Finish

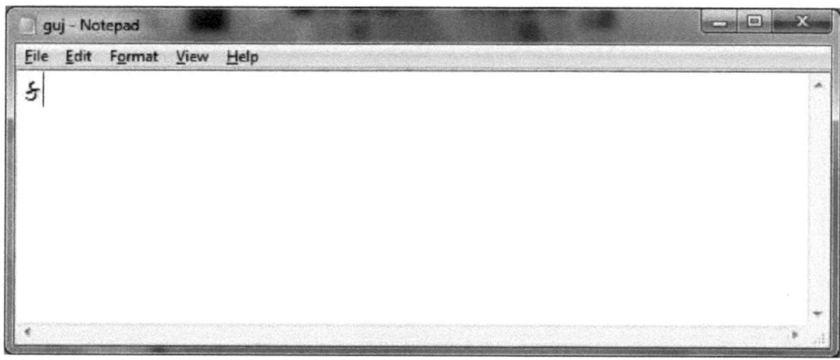

10.2 GUI para caracteres manuscritos

Nesta parte, mostramos as imagens correspondentes à Interface Gráfica do Utilizador que construímos utilizando o MATLAB. Estas imagens referem-se ao trabalho que é efectuado no guião de caracteres manuscritos.

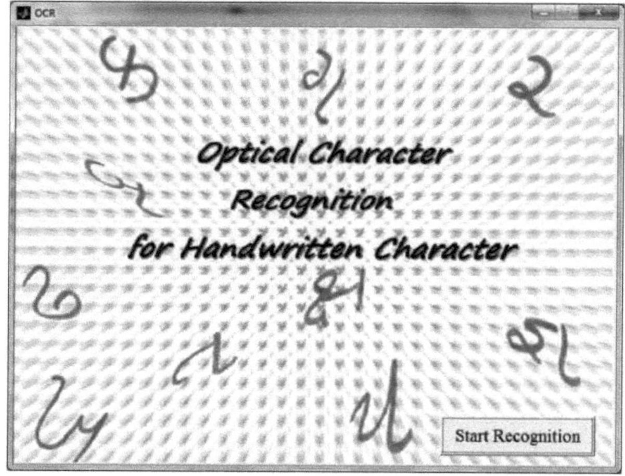

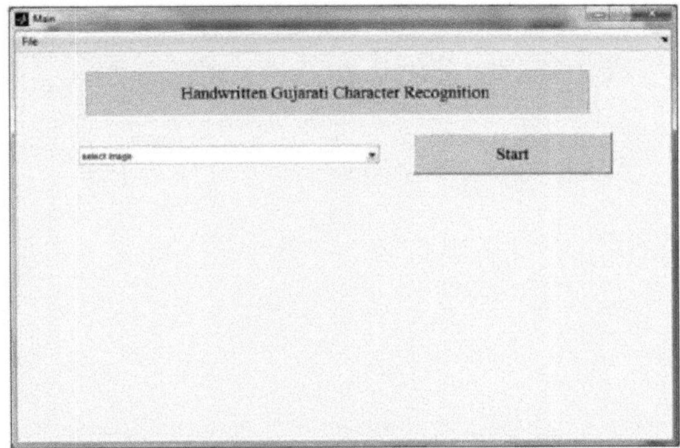

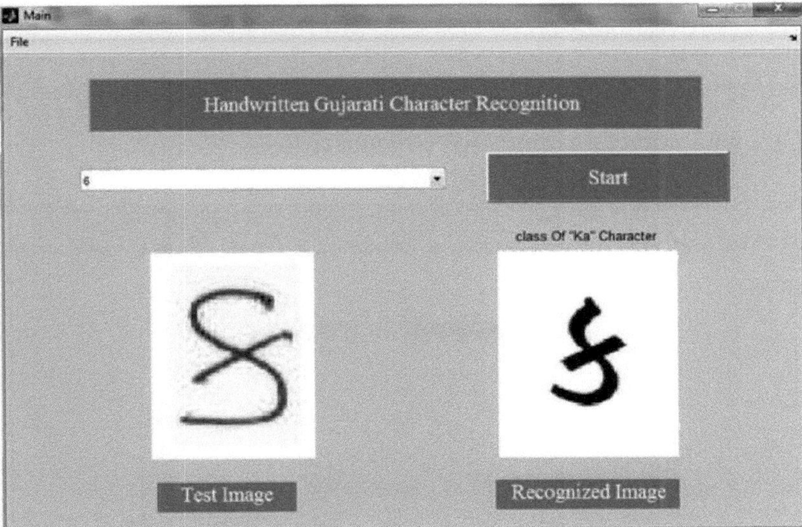

10.3 GUI para numerais impressos e manuscritos

Nesta parte, mostramos as imagens correspondentes da interface gráfica do utilizador que construímos utilizando o MATLAB. Estas imagens referem-se ao trabalho que é efectuado no guião numérico impresso e escrito à mão.

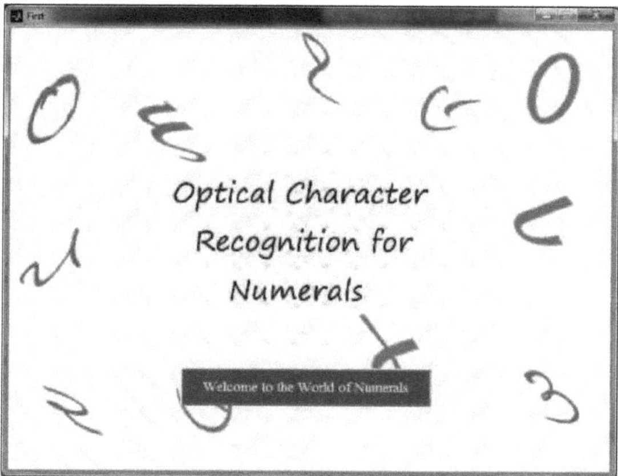

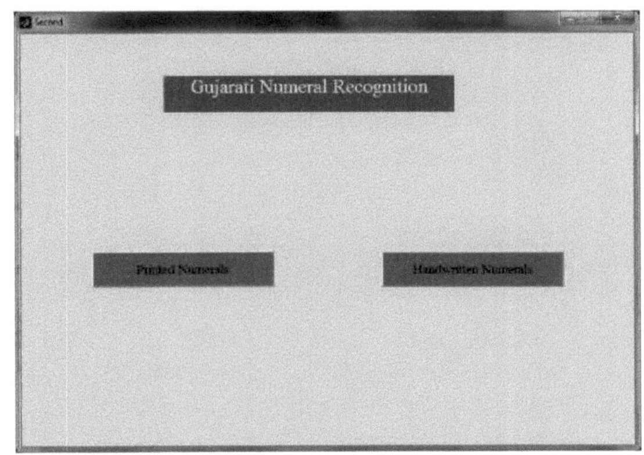
Second
Gujarati Numeral Recognition
Printed Numerals
Handwritten Numerals

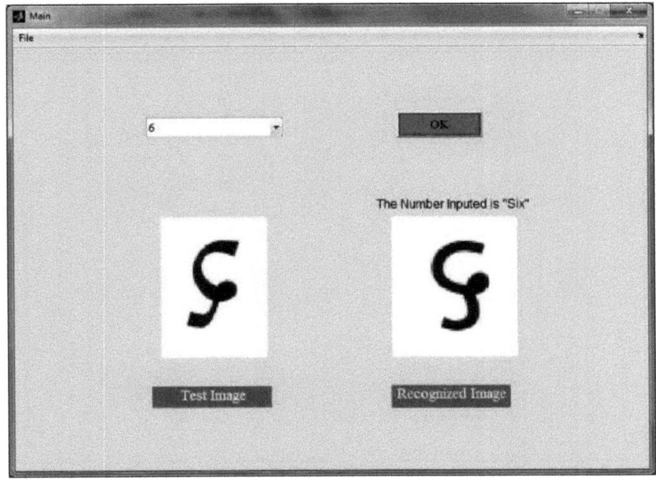
Main
File
6
OK
The Number Inputed is "Six"
Test Image
Recognized Image

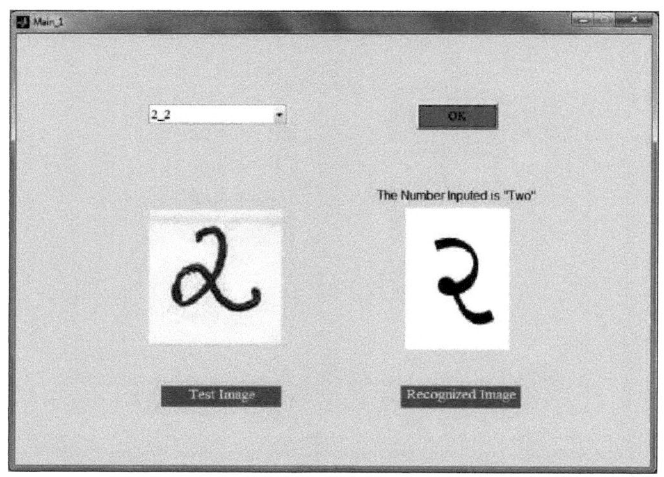

Main_1
2_2
OK
The Number Inputed is "Two"
Test Image
Recognized Image

APÊNDICE A

Artigos publicados

- Estimativa de rotação do documento de escrita Gujarati usando a transformação de Hough, por Jay Maniar, Shreyal Patel, Lipi Shah, Ripal Patel, Int. Journal of Engineering Research and Application ISSN: 2248-9622, Vol. 4, Issue 1 (Versão 3), janeiro de 2014, pp.33-36.

- Deteção e correção de distorção para caracteres impressos e manuscritos em Gujarati usando regressão linear, Lipi Shah, Ripal Patel, Shreyal Patel e Jay maniar, Jornal Internacional de Pesquisa Avançada em Ciência da Computação e Engenharia de Software 4 (1), janeiro - 2014, pp. 642-648

- Handwritten Character Recognition using Radial Histogram, Lipi Shah, Ripal Patel, Shreyal Patel and Jay maniar, International Journal of Research in Advent Technology, Vol.2, No.4,April 2014 E-ISSN: 2321-963, page no-24-28

[1] A Sehad(2007a), L Mezai(2007b), M T Laskri(2007c), M Cheriet(2007d) , Skew angle estimation of printed document using linear regression, wavelet transform and anisotropic diffusion , Signal Processing and Its Applications.

[2] Chirag I Patel(2011a), Ripal Patel(2011b), Palak Patel (2011c),Handwritten Character Recognition using Neural Network, International Journal of Scientific & Engineering Research Volume 2, Issue 5, May-2011.

[3] Rafael M. O. Cruz, George D. C. Cavalcanti and Tsang Ing Ren, Handwritten Digit Recognition Using Multiple Feature Extraction Techniques and Classifier Ensemble IWSSIP 2010 - 17th International Conference on Systems, Signals and Image Processing

[4] Rafael M. O. Cruz, George D. C. Cavalcanti and Tsang Ing Ren, Handwritten Digit Recognition Using Multiple Feature Extraction Techniques and Classifier Ensemble IWSSIP 2010 - 17th International Conference on Systems, Signals and Image Processing Engineering vol. 4, no. 4, pp. 522-524, 2012.

[5] E. Kavallieratou, K. Sgarbas, N. Fakotakis and G. Kokkinakis, Handwritten Word Recognition based on Structural Characteristics and Lexical Support, Proceedings of the Seventh International Conference on Document Analysis and Recognition (ICDAR 2003) Fusion of Haar and Daubechies Orthogonal Wavelet Template. Revista Internacional de Aplicações Informáticas 46(6):38-44, maio de 2012.

[6] Baheti M. J., Kale K. V., Recognition of Gujarati Numerals using Hybrid Approach and Neural Networks, International Journal of Computer Applications (0975 8887) Conferência Internacional sobre Tendências Recentes em Engenharia e Tecnologia - 2013 (ICRTET'2013)

[7] S.V. Rajashekararadhya, Dr. P. Vanaja Ranjan, Efficient Zone Based Feature Extration Lgorithm For Handwritten Numeralrecognition Of Four Popular South Indian Scripts, Journal of Theoretical and Applied Information Technology

[8] E. Kavallieratou()2003a, K. Sgarbas(2003b), N. Fakotakis(2003c) e G. Kokki- nakis(2003d), Handwritten Word Recognition based on Structural Characteristics and Lexical Support, Proceedings of the Seventh International Conference on Document Analysis and Recognition (ICDAR 2003).

[9] Jay Maniar (2014a), Shreyal Patel (2014b), Lipi Shah (2014c), Ripal Patel (2014d), Estimativa de rotação do documento de escrita Gujarati usando a transformação de Hough, Int. Journal of Engineering Research and Application ISSN: 2248-9622, Vol. 4, Issue 1 (Versão 3), janeiro de 2014, pp.3336.

[10] Jayashree Prasad, Uday Kulkarni, Gujarati Character Recognition using weighted k-NN with mean chi square Distance Measure, International Journal of Machine Learning and Cybernetics ISSN 1868-8071, DOI 10.1007/s13042-0130187.

[11] Jim Higgins(2005), Ed.D. "Introduction Linear Regression, 2005.

[12] Lipi Shah(2014a), Ripal Patel(2014b), Shreyal Patel(2014c), Jay Maniar(2014d), Skew Detection and Correction for Gujarati Printed and Handwritten Character using Linear Regression, International Journal of Advanced Research in Computer Science and Software Engineering 4(1), January - 2014, pp. 642-648.

[13] Lipi Shah, Ripal Patel, Shreyal Patel, Jay Maniar, "Handwritten Character Recognition using Radial Histogram", International Journal of Research in Advent Technology, Vol.2, No.4, April 2014 E-ISSN: 2321-9637

[14] Kumar(2003b), D. S Guru(2003c), P. Nagabhushan(2003d), Skew Estimation of Binary Document Images Using Static and Dynamic Thresholds Useful for Document Image Mosaicing, National Workshop on IT Services and Applications (WITSA2003) Feb 27-28, 2003.

[15] P.Shivakumara(2005a), G. Hemantha Kumar(2005b), D. S Guru(2005c), P. Nagabhushan(2005d), "A noval technique for estimation of skew in binary text documents image test based on linear regression analysis , Sadhana Vol. 30, Part 1, February 2005.

[16] Rafael M. O. Cruz(2010a), George D. C. Cavalcanti(2010b) and Tsang Ing Ren(2010c), Handwritten Digit Recognition Using Multiple Feature Extraction Techniques and Classifier Ensemble, IWSSIP 2010 - 17th International Conference on Systems, Signals and Image Processing.

[17] Sandhya Arora(2008a), Debotosh Bhattacharjee(2008b), Mita Nasipuri(2008c), Dipak Kumar Basu(2008d), Mahantapas Kundu(2008e). Combining Multiple Feature Extraction Techniques for Handwritten Devnagari Character Recognition, 2008 IEEE Region 10 Colloquium and the Third ICIIS, Kharagpur, INDIA December 8-10.

FSC
www.fsc.org
®
MIX
Papier aus verantwortungsvollen Quellen
Paper from responsible sources
FSC® C105338